PROGETTAZIONE E SVILUPPO WEB

con CodeIgniter 3

PROGETTAZIONE E SVILUPPO WEB

con CodeIgniter 3

Roberto Bandiera

2018

ISBN 978-0-244-39435-6

Castelfranco Veneto (TV), Italia

http://robertobandiera.altervista.org

robertobandiera@altervista.org

Questo lavoro è

dedicato alle mie 3M

Manuela, Martin, Maryam

Indice

1. Introduzione

Obiettivi: Il presente lavoro intende introdurre un metodo per la progettazione e lo sviluppo di una Applicazione Web in linguaggio PHP secondo il pattern di sviluppo MVC (Model View Controller), utilizzando il Framework CodeIgniter 3. Questo framework risulta essere molto valido anche dal punto di vista didattico perché lascia al programmatore il pieno controllo del codice dell'applicazione ed è di utilizzo immediato.

Come strumento di progettazione viene utilizzato il Diagramma dei Casi d'Uso (standard UML) integrato dagli storyboard dei diversi scenari di utilizzo delle funzioni dell'applicazione.

Le suddette competenze verranno acquisite attraverso la realizzazione di una applicazione web di commercio elettronico.

Si tratta essenzialmente di una occasione per esemplificare la realizzazione di diversi tipi di funzionalità applicative senza pretendere di arrivare alla completezza di una applicazione commerciale.

Le tecniche presentate vanno dalla realizzazione delle prime pagine dell'applicazione secondo i fondamenti del pattern MVC, alla gestione della sessione di lavoro, all'accesso ad un database, alla validazione dei dati inseriti in un form, all'uso di AJAX, alla realizzazione di API, all'interazione con Telegram, al controllo degli accessi mediante un sistema di Role Based ACL, alla realizzazione di un Log personalizzato, all'invio automatico di E-Mail.

Origini: Questo lavoro nasce come supporto alle lezioni del quinto anno del diploma di Tecnico Informatico svolte all'ITT "Eugenio Barsanti" di Castelfranco Veneto (TV), dove attualmente l'autore insegna Informatica.

Ogni percorso didattico risulta personalizzato dalla sensibilità del docente e arricchito dal dialogo con gli studenti.

Metodo: tutto il lavoro di progettazione e sviluppo viene affrontato nei suoi tratti essenziali e tutto il codice è opportunamente contestualizzato per mantenere sempre il controllo sugli obiettivi e sul loro raggiungimento.

Nello sviluppo dell'applicazione risulta conveniente procedere in modo incrementale, testando e collaudando di volta in volta ciascuna singola funzione implementata.

Il percorso di lavoro si articola in 30 sezioni, ciascuna con un obiettivo concreto, ben chiaro e circoscritto.

Per essere maggiormente fruibile, la trattazione degli argomenti è piuttosto sintetica e schematica.

Prerequisiti: conoscenza dei database e di SQL, conoscenze di base di programmazione ad oggetti, meglio se in linguaggio PHP, conoscenza di base di HTML 5 e di CSS.

L'autore Bandiera Roberto si laurea a Padova nel 1990 e poi consegue il dottorato in Ingegneria Informatica nel 1994, il suo campo di ricerca era l'Information Retrieval. Insegna da diversi anni Informatica e anche Sistemi e Reti all'Istituto Tecnico Tecnologico "E. Barsanti" di Castelfranco Veneto (TV). La sua esperienza nell'insegnamento ha ormai trent'anni (dal 1987/88). E' stato anche per 5 anni tutor dei corsi di Basi di Dati dell'Università di Padova per i corsi di Laurea Breve in Ingegneria Informatica.

Il suo curriculum dettagliato è visibile nel sito http://robertobandiera.altervista.org/

Download: i file dell'intera applicazione sono scaricabili da http://robertobandiera.altervista.org/LibroProgettazioneSviluppoWEB/

Materiale di lettura aggiuntivo in lingua italiana: la guida scritta da Stefano Bianchini, scaricabile gratuitamente al seguente indirizzo http://www.stefanobianchini.net/codeigniter-a-modo-mio/guida-codeigniter-a-modo-mio-1.0.pdf

2. Architettura generale delle applicazioni web

Le applicazioni operanti in rete tipicamente utilizzano una architettura client-server, la quale prevede l'accentramento dei dati e delle funzioni di elaborazione degli stessi presso il server.

Secondo questa architettura, il client si occupa della gestione dell'interfaccia grafica con l'utente, del controllo dell'input e della presentazione dei dati, mentre il lavoro di calcolo, ricerca e aggiornamento dei dati viene svolto dal server.

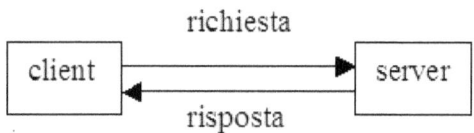

Architettura client-server

Nell'interazione tra client e server è sempre il client che inizia il dialogo, inviando al server una richiesta di connessione.

Un esempio di architettura client-server è quella utilizzata dal World Wide Web, dove il browser utilizzato dall'utente richiede le pagine web statiche, o pagine HTML (HyperText Markup Language), ad un server web.

Il dialogo tra browser e server web è regolamentato dal protocollo di comunicazione HTTP (Hyper Text Transfer Protocol).

Le **applicazioni web** aggiungono a questa architettura un ulteriore livello, ottenendo così la cosiddetta architettura a 3 livelli.

Questa architettura prevede un client dotato di un semplice browser web collegato, tramite rete Internet, ad un Application Server che riceve le richieste di pagine web dinamiche, le quali sono dei veri e propri programmi.

L'application server si occupa di gestire l'esecuzione degli script contenuti in queste pagine web dinamiche.

3

Questi script solitamente prevedono il recupero di dati da un database: pertanto l'application server effettua una connessione ad un Server di DataBase (DBMS – DataBase Management System) e gli invia una query in linguaggio SQL; il DBMS risponde inviando i dati richiesti all'application server o comunicandogli l'esito di una operazione di aggiornamento dati.

A questo punto l'esecuzione degli script della pagina web dinamica viene completato producendo una pagina HTML contenente i dati richiesti, la quale verrà inviata al client.

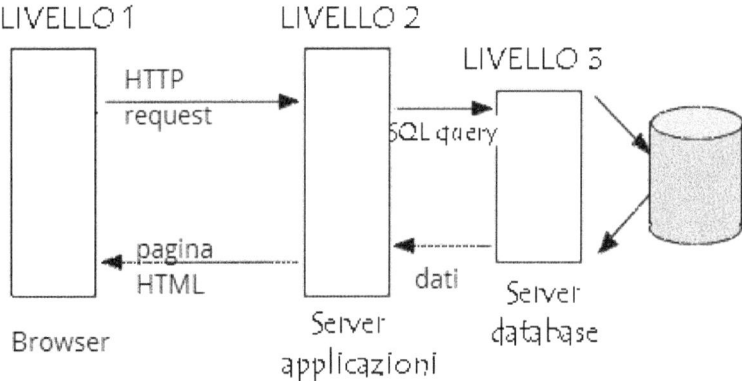

Architettura a 3 livelli

I vantaggi di questa architettura sono

- la possibilità di lavorare in remoto anche con dispositivi semplici, dotati di limitate possibilità di elaborazione, come ad esempio smartphone, tablet e netbook in quanto il client deve essere semplicemente dotato di un browser web;
- la maggiore flessibilità della piattaforma software del client, che può prevedere un qualsiasi sistema operativo purché dotata di un browser web;
- la maggiore facilità di manutenzione del sistema informatico, in quanto tutta l'applicazione viene mantenuta presso l'application server, e pertanto un eventuale aggiornamento della stessa risulta immediatamente operativo per tutti i client;
- la possibilità di interagire con un database situato in un altro computer della rete;
- la possibilità di cambiare il DBMS senza dover modificare il codice dell'applicazione web, limitandosi a modificare qualche parametro in un apposito file di configurazione.

3. Tecnologie per le applicazioni web

Per la realizzazione di pagine web dinamiche, o più correttamente, di applicazioni web, si possono utilizzare diverse tecnologie: **ASP.NET** di Microsoft, che utilizza il linguaggio C# per la realizzazione degli script lato server e si appoggia ad IIS (Internet Information Server) come application server, **JSP** che utilizza il linguaggio Java e si appoggia a Tomcat o altri application server, **PHP** che utilizza il linguaggio omonimo e si appoggia ad Apache.

Per il lavoro di sviluppo e test di applicazioni web con la tecnologia PHP, si consiglia di installare nel proprio computer il pacchetto XAMPP che comprende il server Apache e il server MySQL con una comoda interfaccia di amministrazione dei corrispondenti servizi (http://www.apachefriends.org/index.html).

Le applicazioni web tradizionali, sono basate sul meccanismo Request/Response di richiesta di pagine; esso risulta adeguato alla realizzazione di siti di commercio elettronico, siti di ricerca e prenotazione di servizi, come voli, treni, alberghi, siti di gestione di conti bancari on-line, siti di gestione di contenuti e di forum di discussione, siti di biblioteche per effettuare ricerche bibliografiche, siti di e-learning per fornire materiale didattico ed effettuare questionari di verifica dell'apprendimento.

Il grosso vantaggio di questa tecnologia è la semplicità di realizzazione di applicazioni web anche piuttosto articolate: è richiesta soltanto la scrittura di script lato server.

In questi ultimi anni è emersa la tecnologia **AJAX** (Asynchronous Javascript And Xml) che consente di fornire una maggiore interattività nelle applicazioni web mediante un meccanismo che prevede la richiesta di singoli dati al server anzichè di pagine intere, si tratta del cosiddetto meccanismo Asynchronous Request/Response.

Mediante questa tecnologia si esce dalla logica di navigazione tra le diverse pagine di un sito, tipica del World Wide Web, ma se ne sfrutta il protocollo HTTP per veicolare le richieste di dati espresse in linguaggio XML: si parla di XmlHttpRequest anzichè di HttpRequest.

Spesso si ha a che fare con applicazioni costituite da una singola pagina, pertanto i concetti di Cronologia di navigazione e di Segnalibro risultano inadatti a raccontare i diversi momenti di utilizzo di una applicazione web.

Con questa tecnologia si possono riproporre in rete soluzioni applicative tradizionalmente riservate a computer *stand-alone* come un programma di trattamento testi o di foglio elettronico.

Questa tecnologia si basa su form dotati di controlli speciali inseriti nelle pagine web che rispondono agli eventi dell'utente i quali, tramite apposite combinazioni di script lato client (scritti in linguaggio *javascript*) e script lato server, agiscono sulle singole proprietà e sui contenuti dei singoli elementi di una pagina, senza la necessità di caricare interamente una nuova pagina.

4. La progettazione dell'applicazione

La progettazione dell'applicazione tiene conto delle esigenze dell'azienda committente e consiste nell'elencare i requisiti funzionali mediante il DIAGRAMMA DEI CASI D'USO (Use Cases Diagram) dell'applicazione.

In tale diagramma vengono riportati gli Attori (cioè i diversi tipi di utenti) dell'applicazione e le principali funzionalità che i diversi utenti potranno utilizzare, ovvero i "Casi d'Uso".

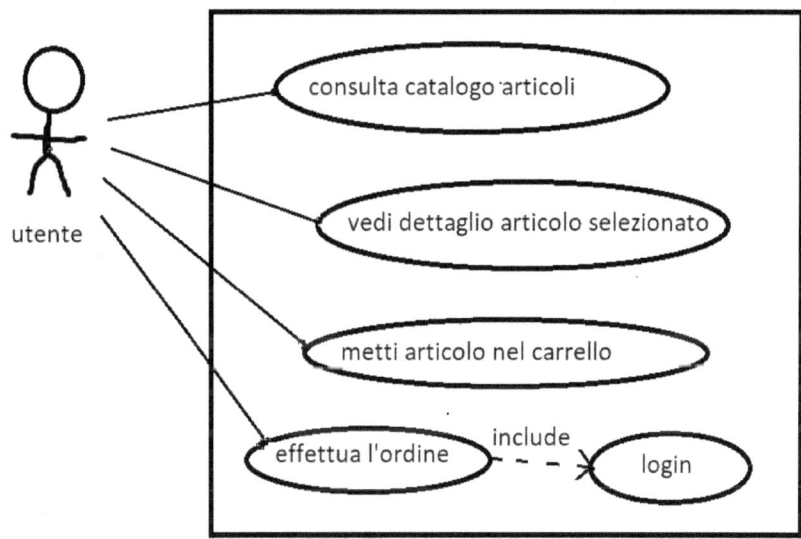

i casi d'uso dell'applicazione

> Il diagramma dei casi d'uso è previsto dallo standard UML (Unified Modeling Language).
> Per una introduzione vedi http://www.dsi.unive.it/~labingsw/UseCase/Use_Case_Diagram.html

Per l'applicazione di commercio elettronico si prevedono i suddetti casi d'uso: la consultazione del catalogo degli articoli, la visione di dettaglio di un articolo, la possibilità di mettere nel carrello un articolo e di effettuare l'ordine. Quest'ultima funzionalità prevede che l'utente effettui preliminarmente la procedura di "login".

5. Il database dell'applicazione

Il database dell'applicazione si chiama "negozio" ed è stato sviluppato con il DBMS MySQL.

Si tratta di un database minimale con solo 3 tabelle, per gestire gli utenti registrati dell'applicazione, gli articoli del catalogo e gli ordini effettuati.

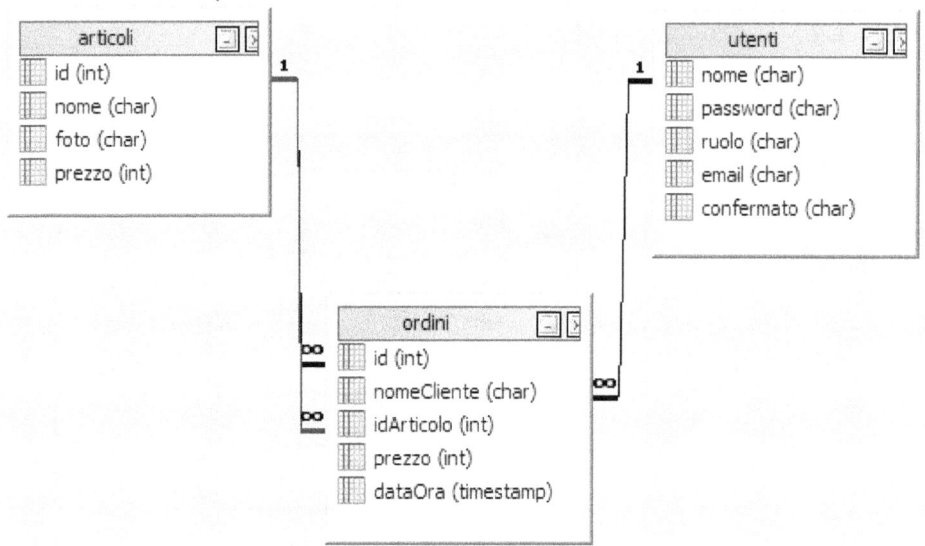

Lo schema relazionale del database "negozio"

In particolare si noti che per semplicità si è ipotizzato che ciascun ordine riguardi un singolo articolo.

Pertanto se l'utente mette più articoli nel carrello e poi conclude l'ordine, si otterranno più registrazioni nella tabella ordini.

Le corrispondenti istruzioni SQL per la creazione del database con MySQL sono le seguenti:

```
--   MySQL Database Dump 1.1
--   Server version 5.5.5-10.1.9-MariaDB
```

```
CREATE DATABASE  negozio;
USE negozio;


CREATE TABLE articoli (
  id int(11) NOT NULL,
  nome char(50) NOT NULL,
  foto char(50) NOT NULL,
  prezzo int(11) NOT NULL,
  PRIMARY KEY (id)
) ENGINE=InnoDB DEFAULT CHARSET=utf8;


CREATE TABLE ordini (
  id int(11) NOT NULL AUTO_INCREMENT,
  nomeCliente char(50) CHARACTER SET utf8 COLLATE utf8_bin DEFAULT NULL,
  idArticolo int(11) DEFAULT NULL,
  prezzo int(11) DEFAULT NULL,
  dataOra timestamp NULL DEFAULT CURRENT_TIMESTAMP,
  PRIMARY KEY (id),
  CONSTRAINT FK_ordini_articoli FOREIGN KEY (idArticolo) REFERENCES
articoli (id),
  CONSTRAINT FK_ordini_iclienti FOREIGN KEY (nomecliente) REFERENCES
utenti (nome)
) ENGINE=InnoDB  DEFAULT CHARSET=utf8;


CREATE TABLE utenti (
  nome char(50) COLLATE utf8_bin NOT NULL,
  password char(50) COLLATE utf8_bin DEFAULT NULL,
  ruolo char(50) CHARACTER SET utf8 DEFAULT NULL,
  email char(100) COLLATE utf8_bin DEFAULT NULL,
  confermato char(2) CHARACTER SET utf8 DEFAULT 'no',
  PRIMARY KEY (nome)
) ENGINE=InnoDB DEFAULT CHARSET=utf8 COLLATE=utf8_bin;
```

Si noti solo l'opzione **COLLATE utf8_bin** per impostare il confronto case-sensitive per il nome dell'utente e la password.

6. Il framework CodeIgniter 3

Lo sviluppo dell'applicazione viene effettuato con il framework CodeIgniter 3 ⚡ https://codeigniter.com. Si tratta di un framework molto diffuso e di facile utilizzo che lascia al programmatore il controllo sul codice dell'applicazione.

CodeIgniter 3 è un framework basato sul pattern di sviluppo MVC (Model View Controller), che consiste in un approccio alla programmazione che prevede la suddivisione dell'applicazione in 3 parti:

- il Controller che si occupa della logica dell'applicazione,
- le Views (viste) che si occupano della presentazione all'utente delle pagine web,
- il Model che si occupa dell'accesso ai dati del database e della modellazione degli stessi.

Questa modalità organizzativa del codice facilita lo sviluppo dell'applicazione e il suo mantenimento (vedi https://it.wikipedia.org/wiki/Model-view-controller).

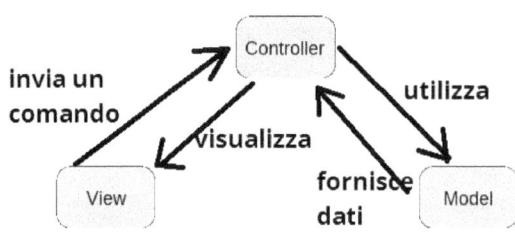

il pattern MVC

In Controller è il fulcro dell'applicazione e riceve i comandi provenienti dai link e dai pulsanti delle pagine della Vista, elabora una risposta interagendo con il Modello dei dati e poi produce opportunamente una pagina della Vista da inviare all'utente.

Ad esempio il link per andare alla pagina benvenuto.php sarà del tipo href="index.php/go/benvenuto", ovvero si invia al Controller di nome "go" il comando per andare alla pagina che funge da "benvenuto".

Si evita di fare un link diretto come href="benvenuto.php", perché conviene mantenere tutta la logica dell'applicazione dentro il Controller.

La pagina index.php è l'unica pagina php presente nella cartella root dell'applicazione; essa funge da instradatore (routing) per le funzioni richieste dell'utente.

Si deve SEMPRE far intervenire il Controller, evitando di fare link diretti da una pagina all'altra della vista!

Tra i diversi vantaggi vantaggi del pattern MVC, c'è la possibilità di produrre facilmente una versione prototipale dell'applicazione utilizzando come Modello un "fantoccio" (mock-up) che fornisce dati fittizi senza interagire con un vero database per poi rimpiazzarlo con un Modello "vero" che interagisce con il database effettivo.

Prototipazione dell'interfaccia utente dell'applicazione web

Un prototipo ("primo modello") è una rappresentazione di un prodotto o di un sistema, o di una sua parte, che, anche se in qualche modo limitata, può essere utilizzata a scopo di valutazione.

Lo scopo è quello di valutare l'interfaccia dell'applicazione, ovvero la modalità di interazione tra l'utente finale e l'applicazione stessa.

La prototipazione consente di generare ed organizzare le idee su come l'interfaccia utente può essere realizzata valutando in anticipo la qualità di una soluzione, simulandone le funzionalità.

Il vantaggio principale è quello di ottenere un feedback da parte dei vari *stakeholder* (committente e utenti finali) che consente eventualmente di perfezionare le esigenze specifiche di progetto, di migliorare l'usabilità di un prodotto in fase di sperimentazione e di valutare linee di progettazione alternative.

Un possibile approccio consiste nello sviluppare subito le pagine della *view* e le principali funzionalità dell'applicazione, mentre per quanto riguarda la modellazione dei dati del database ci si limita ad utilizzare un modello finto (mock-up). In sostanza i metodi di accesso ai dati (metodi CRUD) vengono sostituiti da funzioni fittizie che ritornano dati fasulli.

> Il prototipo viene fatto evolvere fino al prodotto finale, completandone via via le funzionalità e sostituendo i metodi fasulli di accesso al database con i corrispondenti metodi effettivi.

Inoltre, nell'ambito dell'organizzazione del lavoro di sviluppo del codice dell'applicazione, le pagine della Vista possono essere convenientemente realizzate da un esperto di grafica. Infatti, esse non si occupano della logica applicativa e di fatto non contengono istruzioni PHP, bensì solo alcune semplici espressioni di visualizzazione dati.

Smarty

Per snellire ulteriormente la sintassi, si potrebbe addirittura far uso di un cosiddetto "expression language", come Smarty, incorporato nelle pagine HTML, che consente di ignorare totalmente il linguaggio PHP (http://www.coolphptools.com/codeigniter-smarty).
Ecco un paio di esempi di uso di PHP confrontati con l'uso di Smarty:

Usando PHP:

```
<title><?= $title ?></title>
```

Usando Smarty:

```
<title>{$title}</title>
```

Usando PHP:

```
<?php foreach($elenco as $nome): ?>

<p> <?= $nome ?> </p>

<?php endforeach; ?>
```

Usando Smarty:

```
{foreach $elenco as $nome}

<p> {$nome} </p>

{/foreach}
```

7. Le cartelle dell'applicazione

Innanzitutto si deve installare il frame work: dopo aver scaricato il file zip di CodeIgniter, è sufficiente copiare i file e le cartelle in esso contenute nella cartella radice (root) del server web.

Si ottiene tutta la struttura delle cartelle che andranno a costituire l'organizzazione dell'applicazione.

Nella cartella root ci sarà:

- il file index.php fornito da CodeIgniter che non dovrà essere modificato in quanto esso effettua l'instradamento delle richieste dell'utente alle pagine dell'applicazione,
- il foglio di stile (stile.css)
- eventuali librerie javascript, come jquery

La cartella "application" contiene i file di configurazione dell'applicazione e conterrà i diversi file php che costituiscono l'applicazione stessa.

Si noti che il framework impedisce l'accesso diretto tramite browser a tutti i contenuti di tale cartella.

Si possono creare delle cartelle per organizzare opportunamente immagini (images) e documenti da scaricare (documents).

application	14/03/2018 15:51	Cartella di file	
documents	09/03/2018 00:04	Cartella di file	
images	09/03/2018 00:04	Cartella di file	
system	09/03/2018 00:05	Cartella di file	
composer.json	09/03/2018 00:04	File JSON	1 KB
contributing.md	09/03/2018 00:04	File MD	7 KB
index.php	09/03/2018 00:04	File PHP	11 KB
license.txt	09/03/2018 00:04	Documento di testo	2 KB
readme.rst	09/03/2018 00:04	File RST	3 KB
stile.css	09/03/2018 00:04	Documento CSS	1 KB

La cartella root dell'applicazione

La cartella "application" contiene in particolare le cartelle "models", "views" e "controllers" dove collocare i file php dell'applicazione.

E' molto importante anche la cartella "config" che contiene tutti i file di configurazione dell'applicazione, i quali consentono di predisporre opportunamente i parametri dell'ambiente di lavoro.

cache	14/03/2018 15:51	Cartella di file	
config	14/03/2018 15:51	Cartella di file	
controllers	14/03/2018 15:51	Cartella di file	
core	14/03/2018 15:51	Cartella di file	
helpers	14/03/2018 15:51	Cartella di file	
hooks	14/03/2018 15:51	Cartella di file	
language	14/03/2018 15:51	Cartella di file	
libraries	14/03/2018 15:51	Cartella di file	
logs	15/03/2018 12:57	Cartella di file	
models	14/03/2018 15:51	Cartella di file	
third_party	14/03/2018 15:51	Cartella di file	
views	14/03/2018 15:51	Cartella di file	
.htaccess	14/03/2018 15:49	File HTACCESS	1 KB
index.html	14/03/2018 15:49	Firefox HTML Doc...	1 KB

La cartella application

Per il funzionamento dell'applicazione è necessario impostare alcuni parametri nei file di configurazione (vedi Appendice 2), tra cui la specificazione del controller di default e il caricamento delle librerie e delle classi helper utilizzate dall'applicazione.

In effetti il lavoro di configurazione dell'applicazione è davvero minimo, rispetto ad altri framework, e questo consente di essere rapidamente operativi nella realizzazione della pagine dell'applicazione.

8. La pagina iniziale dell'applicazione

L'applicazione riguarda il sito web di un negozio di biciclette e verrà ospitata ipoteticamente dal server di nome http.//www.azienda.it

La pagina iniziale dell'applicazione

Come pagina iniziale dell'applicazione si vuole realizzare una pagina con una intestazione, una barra di navigazione, una immagine di copertina e un piede di pagina.

La pagina home.php viene messa nella cartella views contenuta nella cartella application.

Essa contiene semplici istruzioni in HTML 5 e alcuni espressioni PHP che richiamano funzioni delle librerie di CodeIgniter:

- la funzione base_url('stile.css') produce l'indirizzo
  www.azienda.it/stile.css

- la funzione anchor('go/azione') produce l'indirizzo
  www.azienda.it/index.php/go/azione
- la funzione img('images/inspire.png') produce l'elemento
  <img src="www.azienda.it/images/inspier.png">

home.php

```
<!DOCTYPE html>
<html>
<title> Negozio Biciclette </title>
<link rel="stylesheet" href="<?=base_url('stile.css')?>">

<body>
<header>
<h1> Negozio Biciclette </h1>
</header>
<nav>
<p id="utente">
<?= anchor('go/entra', 'Entra')?> / <?= anchor('go/registrati',
'Registrati') ?>
</p>
<p>
<?= anchor('go/index', 'Pagina Iniziale') ?>
<?= anchor('go/faq', 'Domande Frequenti') ?>
<?= anchor('go/catalogo', 'Catalogo') ?>
<?= anchor('go/riservato', 'Riservato') ?>
<!--<?= anchor('go/carrello', 'Carrello') ?>-->
<?= anchor('go/carrello', img('images/carrello-della-spesa.png'))?>
</p>
</nav>
<main>
<p>
Benvenuti nel mio bellissimo negozio di biciclette
</p>
<?= img('images/inspire.png') ?>
</main>
<footer>
&copy; 2018 - autore: Bandiera Roberto - mail: admin@azienda.it
</footer>
</body>
</html>
```

Per poter chiamare la pagina iniziale dell'applicazione tramite un browser web, l'utente scriverà semplicemente l'indirizzo del server http://www.azienda.it oppure tutto il percorso in modo esplicito:

http://www.azienda.it/index.php/go/index

Quest'ultimo indirizzo evidenzia il fatto che si effettua una richiesta al controller di nome go e gli si invia il comando index.

Il codice del controller è il seguente:

Go.php

```php
<?php

class Go extends CI_Controller {

    /**
     * Index Page for this controller.
     *
     * Maps to the following URL
     *          http://example.com/index.php/go
     *      - or -
     *          http://example.com/index.php/go/index
     *      - or -
     * Since this controller is set as the default controller in
     * config/routes.php, it's displayed at http://example.com/
     *
     * So any other public methods not prefixed with an underscore will
     * map to /index.php/welcome/<method_name>
     * @see https://codeigniter.com/user_guide/general/urls.html
     */


    public function index()
    {
        $this->load->view('home');
    }
}
?>
```

La funzione index() viene chiamata per default e pertanto è associata alla pagina iniziale dell'applicazione.

Essa consiste in una sola riga di codice che serve per caricare la pagina della vista prevista come pagina iniziale dell'applicazione.

Per caricare la pagina della vista basta specificare il nome del file senza l'estensione php: 'home'.

Una prima versione del foglio di stile è la seguente:

stile.css

```
body {
      width: 90%;  margin: auto;
      background-color: gainsboro;
      font-size: 150%;
      font-family: verdana;
     }
nav { position: relative; top: -2em; font-size: 75%;}
nav p#utente { text-align: right; }
nav a { display: inline-block;
        margin-right: 20px;
     }
nav img { vertical-align: middle; }
article { background-color: white; }
table, td, th { border: 2px solid green; padding: 5px; }
p#messaggio { font-size: 120%; }
p#errore { color: red; }
p#download { font-size: 120%; }
p#download img { vertical-align: middle;}
footer { margin-top: 50px;
         border-top: 2px solid black;
         margin-bottom: 50px;
       }
```

In questo lavoro non viene data molta attenzione allo stile delle pagine del sito e ci si limita ad alcune impostazioni minimali.

Per ottenere una resa grafica maggiormente professionale, conviene utilizzare una libreria apposita come bootstrap (https://getbootstrap.com), materialize (https://materializecss.com/) o altre.

9. La composizione delle pagine

Le pagine web, con HTML 5, vengono convenientemente strutturate in sezioni, sia per organizzarne bene i contenuti sia per facilitare l'impostazione di uno stile grafico. Una pagina tipica è la seguente:

```
<html>
<body>
<header>...</header>
<nav>...</nav>
<main>
...
...
</main>
<footer>...</footer>
</body>
</html>
```
paginaIntera.php

Il framework CodeIgniter consente di richiamare tale pagina con la seguente istruzione:

```
$this->load->view('paginaIntera'); // carica paginaIntera.php
```

Per facilitare la manutenzione delle pagine del sito, conviene suddividere tale pagina in più frammenti da tenere in diversi file:

```
<html>
<body>
<header>...</header>
<nav>...</nav>
```
header.php

```
<main>
...
...
</main>
```
pagina.php

```
<footer>...</footer>
</body>
</html>
```
footer.php

In questo modo tutte le pagine del sito avranno in commune header.php e footer.php e differiranno soltanto per quanto riguarda i contenuti della sezione <main>.

Il corrispondente codice di caricamento di CodeIgniter si sviluppa in 3 istruzioni:

```
$this->load->view('header'); // carica header.php
$this->load->view('pagina'); // carica pagina.php
$this->load->view('footer'); // carica footer.php
```

Pertanto il codice della funzione index() del controller, proposta nel paragrafo precedente, va riscritta nel seguente modo:

```
public function index()
{
    $this->load->view('header');
    $this->load->view('home');
    $this->load->view('footer');
}
```

10. Una pagina statica per le Domande Frequenti

Per comprendere meglio il meccanismo della realizzazione di pagine web statiche all'interno dell'applicazione, si propone ora la pagina delle domande frequenti.

Negozio Biciclette

 Pagina Iniziale   Domande Frequenti   Catalogo   Riservato

Domande Frequenti

Come si fa un ordine?

Vai nel catalogo e vai a ccicici cicicicicic ciaosfiao faioai fafaf.

La pagina statica delle domande frequenti

Le istruzioni della pagina faq.php sono le seguenti:

```
<main>
<h2>Domande Frequenti</h2>

<article>
<h4>Come si fa un ordine?</h4>
<p>
Vai nel catalogo e vai a ccicici cicicicicic ciaosfiao faioai fafaf.
</p>
</article>

<article> …. </article>
</main>
```

La funzione faq del controller è costituita semplicemente dalle istruzioni per caricare le tre parti in cui è suddivisa ciascuna pagina della vista:

```
public function faq()
{
    $this->load->view('header');
    $this->load->view('faq');
    $this->load->view('footer');
}
```

Si raccomanda di evitare la scorciatoia di mettere nella barra di navigazione un link diretto alla pagina faq.php, come il seguente:

<a href="faq.php"> Domande Frequenti </a>

Si deve, invece, sempre "passare per il controller" mediante la funzione anchor():

<?= anchor('go/faq', 'Domande Frequenti')?>

che produce il seguente link html:

<a href="http://www.azienda.it/index.php/go/faq"> Domande Frequenti </a>

Questo, innanzitutto perché la pagina faq.php non è accessibile direttamente dal browser trovandosi dentro la cartella application; ma soprattutto perché la logica del modello MVC prevede che tutte le richieste inviate dal browser vengano "filtrate" dal controller.

In questo modo si ha il pieno controllo delle funzionalità dell'applicazione!

11. Caso d'uso: Consulta catalogo articoli

Ora si procede con la progettazione e lo sviluppo dei diversi casi d'uso dell'applicazione precedentemente illustrati.

Le pagine coinvolte dal caso d'uso in questione vengono disegnate nella loro essenza, pensando essenzialmente ai loro contenuti, trascurando i dettagli della loro impostazione grafica.

La sequenza delle schermate (STORYBOARD) è la seguente:

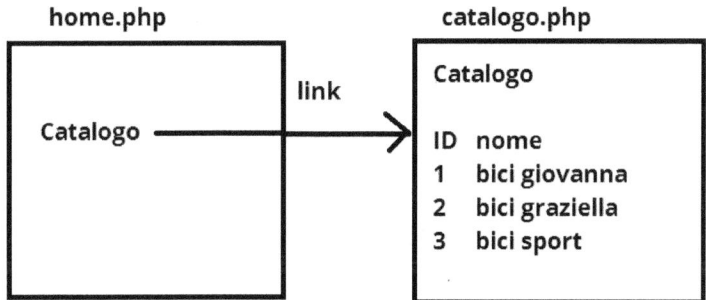

caso d'uso: consulta catalogo articoli

Descrizione: l'utente clicca sul menu "Catalogo" e così va nella pagina che visualizza l'elenco degli articoli con ID e nome.

La pagina home.php contiene nell'header l'ancora del link che andrà a chiamare la funzione catalogo() del controller "go"

La visualizzazione delle pagine riporta gli elementi essenziali dei contenuti delle stesse, senza preoccuparsi degli aspetti grafici e di layout.

Questo lavoro di descrizione delle funzionalità dell'applicazione, oltre che per la progettazione dell'applicazione, è utile anche come documentazione per l'utente finale della stessa!.

Sviluppo del codice (vengono riportate le parti essenziali del codice PHP):

header.php

```
<nav>
<?= anchor('go/catalogo', Catalogo) ?>
</nav>
```

Il Controller ha la funzione catalogo() che contiene le istruzioni per chiedere al Modello l'elenco degli articoli che poi invia come dati alla pagina catalogo.php:

Go.php

```
<?php
class Go extends CI_Controller
{
  public function catalogo()
  {
    $data['articoli'] = $this->negozio_model->get_articoli();
    $this->load->view('header');
    $this->load->view('catalogo', $data);
    $this->load->view('footer');
  }
}
?>
```

Il Modello crea la query che invia al DBMS e poi ne restituisce il risultato come array di oggetti:

Negozio_model.php

```
<?php
class Negozio_model  extends  CI_Model
{
   public function  get_articoli()
   {
     $query = $this->db->query("select id, nome, foto, prezzo
                                from articoli
                                order by id");
     return $query->result();  // array di oggetti
   }
}
?>
```

La pagina del catalogo attua un ciclo per la visualizzazione degli articoli ricevuti dal Controller:

catalogo.php

```
<main>
<h2> Catalogo </h2>
<p> ID      Nome   </p>
<?php  foreach ($articoli as $articolo): ?>
<p>
<?= $articolo->id ?>   <?= $articolo->nome ?>
</p>
<?php endforeach ?>
</main>
```

La variabile $articoli usata nella pagina della vista corrisponde a $data['articoli'] impostata nel controller.

Il Modello contiene i **metodi CRUD** (Create Retrieve Update Delete) che agiscono sui dati del database.

I parametri per la connessione al database sono relegati in un apposito file di configurazione del framework CodeIgniter.

La tabella "articoli" del database contiene i seguenti dati:

tabella articoli

ID	Nome	Foto	Prezzo
1	bici giovanna	foto1.jpg	200
2	bici graziella	foto2.jpg	320
3	bici sport	foto3.jpg	400
...	...		

In generale i framework MVC richiedono la dichiarazione delle classi degli oggetti che verranno restituiti come risultato delle query, come ad esempio la classe Articolo per rappresentare ciascun record della tabella "articoli".

```
class Articolo {
    public $ID;
    public $nome;
    public $foto;
    public $prezzo;
}
```

Questo non è necessario con CodeIgniter, il quale utilizza la classe predefinita stdClass per creare gli oggetti corrispondenti ai dati risultato delle query.

12. Caso d'uso: Vedi dettaglio articolo selezionato

Ecco lo storyboard dello scenario principale:

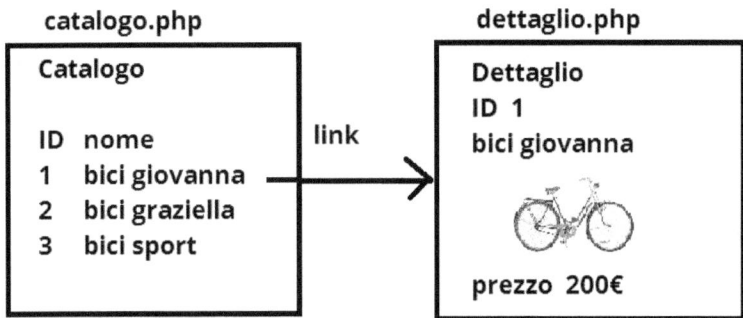

caso d'uso: vedi dettaglio articolo selezionato (scenario principale)

Descrizione: l'utente clicca sul nome dell'articolo del catalogo di suo interesse e così viene indirizzato alla pagina con tutte le informazioni di dettaglio di tale articolo, che comprendono il suo ID, il nome, la foto e il prezzo.

Questo è il cosiddetto **"scenario principale"** del caso d'uso in questione, ovvero la situazione ideale quando tutto va bene.

Si può prevedere anche uno **"scenario alternativo"** nel caso in cui l'articolo richiesto non sia presente nel database.

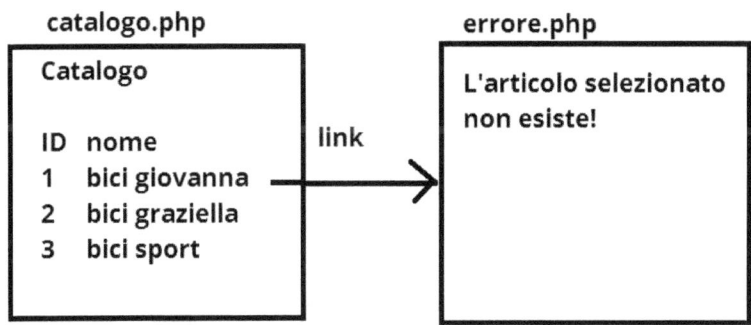

caso d'uso: vedi dettaglio articolo selezionato (scenarioalternativo)

In tale situazione l'utente verrà indirizzato ad una pagina di errore con un opportuno messaggio, come mostrato nel corrispondente storyboard.

Come è possibile che cliccando su una voce del catalogo si possa arrivare ad un articolo non esistente in catalogo?

La pagina Catalogo nel browser

Tutto ciò è possibile perché gli URL dei link che vengono cliccati dall'utente rimangono nella cronologia del browser e potrebbero anche essere collocati tra i link preferiti, pertanto può capitare che l'utente ripeschi dal passato un link che non ha più riscontro nei dati aggiornati del database.

Potrebbe anche capitare che l'utente smaliziato digiti direttamente il testo del link nella barra dell'indirizzo del browser, bypassando completamente i veri contenuti del catalogo mostrati nella pagina web.

La pagina catalogo.php visualizza gli id e i nomi degli articoli. Questi ultimi costituiscono le **ancore** dei link che consentono di chiamare la funzione dettaglio(…) del controller "go", passandole come parametro l'id dell'articolo stesso.

catalogo.php

```
<main>
<h2> Catalogo </h2>
<p> ID     Nome </p>
<?php  foreach ($articoli as $articolo): ?>
<p>
<?= $articolo->id ?>
<?= anchor('go/dettaglio/'.$articolo->id, $articolo->nome) ?>
</p>
<?php endforeach ?>
</main>
```

Notare il parametro $articolo->id   fornito tramite il link, reso parametrico concatenando allo stesso una barra / e poi il valore della variabile. Ad esempio, il primo link che si ottiene è 'go/dettaglio/1'

Si ricorda che la concatenazione di stringhe in PHP avviene con l'operatore punto "." quando le stringhe sono delimitate da apici singoli. Se invece si usano come delimitatori le virgolette, si può sfruttare la interpolazione di stringhe.
Pertanto le seguenti espressioni sono equivalenti:

```
'go/dettaglio/'.$articolo->id
"go/dettaglio/{$articolo->id}"
"go/dettaglio/$articolo->id"
```

La funzione dettaglio(...) del controller gestisce i diversi scenari mediante una istruzione condizionale che va a controllare se il Modello ha restituito un oggetto (articolo) oppure NULL.

Go.php

```
<?php
class Go extends CI_Controller
{
    public function dettaglio($id)
    {
        $articolo = $this->negozio_model->get_articolo($id);
        if (isset($articolo))
        {
```

```
                // scenario principale
                $data['articolo'] = $articolo;
                $this->load->view('header');
                $this->load->view('dettaglio', $data);
                $this->load->view('footer');
        }
        else
        {
                // scenario alternativo
                $data['messaggio'] = "L'articolo non esiste!";
                $this->load->view('header');
                $this->load->view('errore', $data);
                $this->load->view('footer');
        }
}
?>
```

Negozio_model.php

```php
<?php
class Negozio_model  extends  CI_Model
{
   public function  get_articolo($id)
   {
     $query = $this->db->query("select id, nome, foto, prezzo
                                from articoli
                                where id = ?", array($id));
     return $query->row();  // singolo oggetto oppure NULL
}?>
```

Notare che la query è scritta in modo parametrico.
Il metodo query() riceve come primo parametro la query sql vera e propria e come secondo parametro un array con i parametri da sostituire ai ? usati come segnaposto nella query.
In questo modo **si evitano possibili attacchi di "sql injection"** perché il valore del parametro viene automaticamente controllato e filtrato, prima di essere utilizzato nella query.

dettaglio.php

```html
<main>
<h2> Dettaglio </h2>
<p> ID <?= $articolo->id ?></p>
<p> Nome <?= $articolo->nome ?></p>
<p> <?= img($articolo->foto) ?></p>
<p> Prezzo <?= $articolo->prezzo ?>&euro;</p>
</html>
```

Nella pagina dettaglio.php è stata usata la funzione img(...) per inserire una immagine. L'uso di questa funzione semplifica la scrittura del percorso del file dell'immagine rispetto alla scrittura diretta in html di un elemento <img> (vedi anche appendice 1):

<img src="http://www.azienda.it/images/<?=$articolo->foto?>">

La pagina errore.php visualizza il messaggio ricevuto dal Controller:

errore.php

```
<main>
<p><?= $messaggio ?></p>
</main>
```

13. La funzione di LOGIN

La funzione di Login consente di autenticare le credenziali dell'utente dell'applicazione e memorizza le stesse nella sessione di lavoro, per poter riconoscere l'utente durante tutto il suo percorso di navigazione nel sito.

Dal menu si entra nella pagina di Login che contiene un form per l'inserimento dei dati dell'utente:

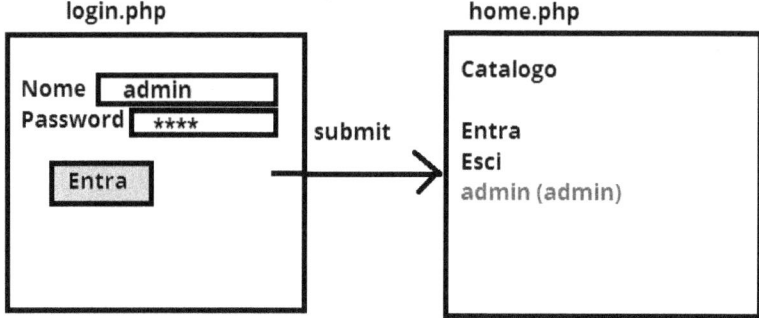

scenario di successo della procedura di login

Se le credenziali sono corrette si torna a visualizzare la pagina iniziale e si visualizza il nome (e il ruolo) dell'utente, altrimenti si visualizza un messaggio di errore:

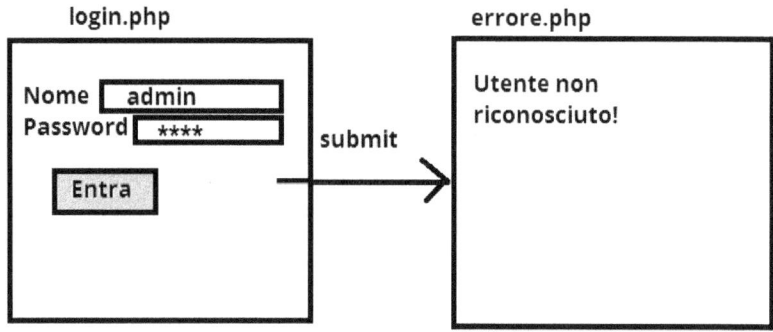

scenario di fallimento della procedura di login

Nel database è presente la tabella utenti contenente le credenziali per l'accesso e il ruolo degli utenti registrati. Per semplicità le password sono memorizzate in chiaro; tuttavia per maggiore sicurezza converrebbe memorizzarne l'impronta hash ottenuta con un algoritmo come MD5 o SHA-1 o SHA-256.

tabella utenti

nome (*)	password (*)	ruolo	email	confermato
pippo	pippo	utente	pippo@gmail.com	si
pluto	pluto	utente	pluto@tiscali.it	si
admin	admin	admin	admin@azienda.it	si

(*) Per rendere i confronti "case sensitive" al momento dell'operazione di login, ci si deve ricordare di specificare il "confronto predefinito", o COLLATION, come utf-bin anziché utf-general_ci (infatti ci significa case insensitive) per i campi nome e password.

Per entrare nella pagina di Login si clicca sulla voce Entra del menu:

<?= anchor('go/entra', 'Entra') ?>

Il codice della pagina di login è il seguente:

login.php

```
<main>
<?= form_open('go/controllaLogin') ?>
<p> Nome  <input type="text" name="nome"></p>
<p> Password  <input type="password" name="password"></p>
<p> <input type="submit" name="submit" value="Entra"></p>
</form>
</main>
```

Per una maggiore accessibilità dei form html si dovrebbe usare il tag <label> per i testi descrittivi delle caselle di input. Ad esempio:

<label for="nome"> Nome </label>

33

Il Controller conterrà:

- la funzione entra() per visualizzare la pagina
- la funzione controllaLogin() per controllare le credenziali fornite dall'utente
- il costruttore, funzione __construct(), che inizializza la variabile di sessione denominata **$this->session->utente** assegnandole un utente anonimo finché viene eseguito un login

Go.php

```php
class Go extends CI_Controller
{
    public function __construct()
    {
        parent::__construct();
        // se non c'è l'utente lo creo anonimo
        if (!isset($this->session->utente))
            {
                $utente_anonimo = new stdClass();
                $utente_anonimo->nome = 'anonimo';
                $utente_anonimo->ruolo = 'utente';
                // lo assegno alla sessione di lavoro
                $this->session->utente = $utente_anonimo;
            }
    }

    public function entra()
    {
        $this->load->view('header');
        $this->load->view('login');
        $this->load->view('footer');
    }


    public function controllaLogin()
    {
        // acquisisco i dati del form
        $nome = $this->input->post('nome');
        $password = $this->input->post('password');
        //  interrogo il modello
        $utente = $this->negozio_model->get_utente($nome, $password);
        // controllo se l'utente c'è per davvero
        if (isset($utente))
        {
            // ok l'utente c'è
            // assegno l'utente ad una variabile di sessione
```

```
                $this->session->utente = $utente;
                $this->load->view('header');
                $this->load->view('home');
                $this->load->view('footer');
        }
        else
        {
                // utente inesistente
                // allora mostro un messaggio di errore
                $data['messaggio'] = "L'utente non è stato
                riconosciuto!";
                $this->load->view('header');
                $this->load->view('errore', $data);
                $this->load->view('footer');
        }
    }
}
```

Le variabili utilizzate nel codice PHP hanno una visibilità locale, ovvero, che si limita alla pagina per le quali esse vengono create, per la sola durata della sua visualizzazione da parte dell'utente.

Invece, le **variabili di sessione,** come $this->session->utente, vengono gestite e memorizzate dal server e vengono mantenute per tutta la durata della sessione di lavoro dell'utente.

Il server associa queste variabili di sessione ad un codice identificativo della sessione di lavoro dell'utente (session_id) ed invia tale codice identificativo al browser. Così facendo, il browser ogni volta che manda una richiesta al server, è in grado di farsi riconoscere, inviando a sua volta al server tale codice identificativo.

L'invio di tale codice identificativo alfanumerico dal server al browser e viceversa avviene tramite *cookie,* ovvero una apposita stringa di testo aggiunto all'header del pacchetto HTTP.

Tra i parametri di configurazione del server c'è la durata del timeout della sessione (vedi appendice 2), che tipicamente è di 30 minuti, e che per default in CodeIgniter è impostata a 7200 secondi.

Per completezza viene realizzata anche la funzione esci() per far terminare la sessione di lavoro e riportare l'utente alla pagina iniziale.

A tal fine conviene effettuare un **redirect** per costringere il browser a richiedere da capo la pagina iniziale.

Se invece si effettuasse un normale caricamento della stessa tramite il metodo load->view si avrebbero ancora visibili nella pagina, per l'ultima volta, i valori delle variabili di sessione assegnati prima della loro distruzione.

Go.php

```
    public function esci()
    {
        // distrugge la session di lavoro
        $this->session->sess_destroy();
        // va alla pagina iniziale
        redirect('go/index');
    }
```

Il compito del Modello è quello di interrogare il database sulla presenza o meno di un utente con le credenziali inserite nel form di login.

Si raccomanda sempre di effettuare query parametriche per evitare possibili attacchi di sql injection che potrebbero consentire a chiunque di effettuare un login con successo.

Negozio_model.php

```
public  function get_utente($nome, $password)
{
    $sql = "SELECT * FROM UTENTI WHERE NOME = ? AND PASSWORD = ?";
    $query = $this->db->query($sql, array($nome, $password));
    return $query->row();     // singolo oggetto oppure NULL
}
```

La pagina home.php visualizza nell'header il menu dell'applicazione e anche il nome e il ruolo dell'utente associato alla sessione di lavoro.

header.php

```
<nav>
<?= anchor('go/catalogo', 'Catalogo') ?>
<?= anchor('go/entra', 'Entra') ?>
<?= anchor('go/esci', 'Esci') ?>
<span>
<?= $this->session->utente->nome ?>
(<?= $this->session->utente->ruolo ?> )
</span>
</nav>
```

La pagina errore è quella già vista nel paragrafo precedente.

errore.php

```
<main>
<p><?= $messaggio ?></p>
</main>
```

All'interno di una funzione del controller è possibile anche richiamare un'altra funzione dello stesso, senza doverne riscrivere tutto il codice.
Ad esempio, l'istruzione

```
$this->index();
```

equivale a scrivere la sequenza delle istruzioni della funzione index():

```
$this->load->view('header');
$this->load->view('home');
$this->load->view('footer');
```

14. Login sicuro con https

Il codice della funzione entra() descritta nel paragrafo precedente invia all'utente la pagina con il form di login.

Tale funzione può essere chiamata sia tramite l'url

http://www.azienda.it/index.php/go/entra

che tramite il protocollo sicuro https

https://www.azienda.it/index.php/go/entra

A parità di codice dell'applicazione, l'accesso sicuro o meno alla pagina di login e il conseguente invio delle credenziali dipendono esclusivamente dall'url digitato dall'utente che chiede la pagina tramite il browser.

Poiché una applicazione web non può confidare sempre sulla consapevolezza e sulla formazione informatica dei suoi utenti, è opportuno prevedere un meccanismo che porti ad utilizzare necessariamente il protocollo https quando si vuole accedere alla procedura di login.

Si tratta di reindirizzare forzatamente l'utente all'url che prevede l'uso del protocollo https:

Go.php

```php
public function entra()    // nuova versione con https
{
// conviene controllare che la pagina  viaggi in modo protetto con HTTPS
if(is_https())
{
    $this->load->view('header');
    $this->load->view('login');
    $this->load->view('footer');
}
else
{
    redirect('https://www.azienda.it/index.php/go/entra');
}
}
```

Questo automatismo risulta comodo per tutti gli utenti, analogamente a quanto avviene con gli accorgimenti per favorire l'accessibilità ai siti web.

In questo modo tutti possono navigare in modo "più rilassato" confidando nel fatto che il programmatore ha messo in atto i meccanismi di sicurezza!

Vale la pena ricordare che il protocollo https utilizza un meccanismo di crittografia ibrida che in particolare richiede un certificato SSL (Secure Socket Layer).
La sicurezza del sito web è data dall'uso di un certificato emesso e garantito da un apposito ente certificatore, come Verisign.
L'uso di un certificato generato automaticamente dal proprio application server non garantisce agli utenti l'autenticità dello stesso e pertanto è considerato "non sicuro!" dai browser degli utenti.

---

15. Accesso ad una pagina riservata all'amministratore del sito

Si vuole ora mostrare come realizzare una funzione che consenta l'accesso ad una pagina riservata all'amministratore del sito.

Il seguente diagramma dei casi d'uso (use cases diagram) mostra una gerarchia di utenti, dove l'amministratore (admin) ha a disposizione tutte le funzioni dell'utente normale ed inoltre ha la possibilità di accedere alla pagina riservata.

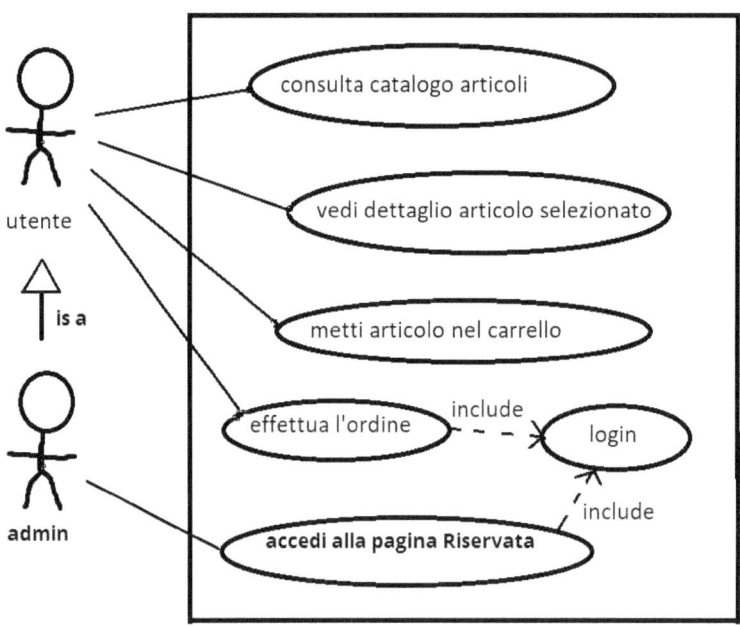

i casi d'uso dell'applicazione - **con gerarchia di utenti**

La voce del menu per accedere alla pagina riservata potrebbe essere

<?= anchor('go/riservato', 'Riservato') ?>

Pertanto, il Controller conterrà la funzione riservato() che si occupa di accertarsi che l'utente che ha fatto il login abbia il ruolo di amministratore, prima di mostrargli la pagina riservata:

Go.php

```php
class Go extends CI_Controller
{

    public function riservato()
    {
        if ($this->session->utente->ruolo == 'admin')
        {
            // ok sei amministratore
            $this->load->view('header');
            $this->load->view('riservato');
            $this->load->view('footer');
        }
        else
        {
            // non sei amministratore
            // allora mostro un messaggio di errore
            $data['messaggio'] = "Pagina riservata all'amministratore!";
            $this->load->view('header');
            $this->load->view('errore', $data);
            $this->load->view('footer');
        }
    }
}
```

Si vuole sono sottolineare il fatto che nessun accorgimento di "nascondere" le voci del menu riservate all'amministratore può considerarsi efficace, perché l'utente smaliziato può sempre digitare i comandi voluti direttamente nella barra dell'indirizzo del browser.

Pertanto, risulta necessario controllare sempre l'accesso alle funzioni riservate all'amministratore.

16. Caso d'uso: metti articolo nel carrello

Storyboard del caso d'uso che consiste nel mettere un articolo nel carrello della spesa:

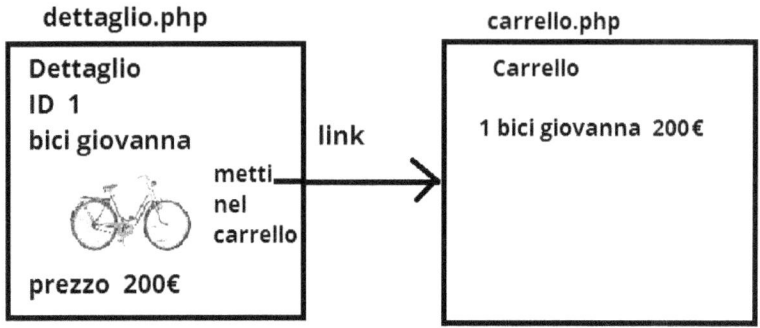

caso d'uso: metti articolo nel carrello **(scenario principale)**

Lo scenario principale prevede la presenza di un link nella pagina di dettaglio dell'articolo, da cui si arriva a visualizzare il carrello della spesa con l'elenco degli articoli in esso presenti.

Uno scenario alternativo considera il caso in cui l'id dell'articolo selezionato non sia esistente e pertanto all'utente verrà presentato un messaggio di errore.

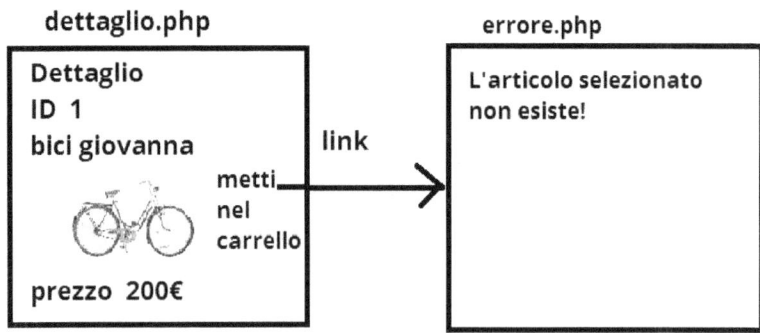

caso d'uso: metti articolo nel carrello **(scenario alternativo)**

Il carrello della spesa viene memorizzato in una variabile di sessione e consiste in un array di oggetti, ciascuno dei quali memorizza l'id, il nome e il prezzo di un articolo.

Alla pagina di dettaglio viene aggiunto il link per mettere l'articolo nel carrello

dettaglio.php

```
<main>
<h2> Dettaglio Articolo </h2>

<p> <?= $articolo->id ?> <?= $articolo->nome ?>
<br>
<?= img('images/'.$articolo->foto) ?>
<br>
Prezzo <?= $articolo->prezzo ?>  &euro;
</p>
<p>
<?= anchor('go/mettiNelCarrello/'.$articolo->id,'Metti nel carrello') ?>
</p>
</main>
```

La pagina del carrello utilizza un ciclo per visualizzare tutto il contenuto dell'array di merci che costituisce il carrello e che è memorizzato come variabile di sessione.

carrello.php

```
<main>
<h2> Carrello </h2>

<?php foreach($this->session->carrello  as $merce): ?>
<p><?= $merce->id ?> <?= $merce->nome ?> <?= $merce->prezzo ?>&euro;</p>
<?php endforeach ?>

</main>
```

Il Controller dovrà inizializzare la variabile di sessione contenente il carrello della spesa e poi ci sarà la function mettiNelCarrello($id) che riceve come parametro l'id dell'articolo, lo cerca nel database (tramite il

Model) e poi aggiorna la variabile di sessione e visualizza la pagina del carrello.

Go.php

```php
class Go extends CI_Controller
{
   public  function __construct()
   {
      parent::__construct();
      // se non c'è il carrello lo creo vuoto
      if (!isset($this->session->carrello))
      {
          $carrello = array();    // creo un array vuoto
          // lo assegno alla variabile di sessione
          $this->session->carrello = $carrello;
      }
   }

   public function mettiNelCarrello($id)
   {
          $appo = $this->negozio_model->get_articolo($id);
          // siccome potrebbe non esserci l'articolo cercato
          // e' meglio dirlo all'utente
          if (isset($appo))
          {
               // SCENARIO PRINCIPALE
               $merce = new stdClass();  // creo l'oggetto
               $merce->id = $appo->id;
               $merce->nome = $appo->nome;
               $merce->prezzo = $appo->prezzo;
               // prelevo il carrello dalla sessione
               $carrello = $this->session->carrello;
               $carrello[] = $merce;  // aggiungo la merce
               // aggiorno il carrello (variabile di sessione)
               $this->session->carrello = $carrello;
               $this->load->view('carrello');
          }
          else
          {
               // SCENARIO ALTERNATIVO
               // L'ARTICOLO NON ESISTE
               $data['messaggio'] = "L'articolo non esiste!";
               $this->load->view('errore', $data);
          }
   }
}
```

Se nella pagina del carrello si volesse aggiungere un link per svuotare il carrello:

<?= anchor('go/svuotaCarrello', 'Svuota il carrello') ?>

la corrispondente function nel Controller sarebbe la seguente:

```
public function svuotaCarrello()
{
    $this->session->carrello = array();  // assegno un array vuoto
    $this->load->view('header');
    $this->load->view('carrello');
    $this->load->view('footer');
}
```

17. Una tecnica alternativa per mettere un articolo nel carrello

Un modo alternativo per mettere un articolo nel carrello consiste nel predisporre un Form contenente un campo nascosto con l'id dell'articolo corrente e un pulsante di submit che consenta di inviare tale id al Controller mediante il metodo POST.

dettaglio.php

```
<main>
<h2> Dettaglio Articolo </h2>

<p> <?= $articolo->id ?>   <?= $articolo->nome ?>
<br>
<?= img('images/'.$articolo->foto) ?>
<br>
Prezzo <?= $articolo->prezzo ?>&euro;
</p>
<?= form_open('go/mettiNelCarrello2') ?>
<p> <input type="hidden" name="id" value="<?= $articolo->id ?>"></p>
<p> <input type="submit" name="submit" value="Metti nel carrello"></p>
</form>
</main>
```

Si ricorda che un form consente al browser di inviare dati al server sotto forma di coppie nome-valore, inserendoli nel pacchetto http contenente la richiesta inviata al server.

La function mettiNelCarrello2() differisce dalla precedente solo nel modo in cui viene passato il parametro id dell'articolo, che stavolta non è visto come parametro della funzione stessa ma viene letto con il metodo post:

Go.php

```
public function mettiNelCarrello2()
    {
        $id = $this->input->post('id');  // leggo l'input del form
```

```
        // da questo punto in poi tutto resta esattamente come prima
        $appo = $this->negozio_model->get_articolo($id);
        // siccome potrebbe non esserci l'articolo cercato
        // e' meglio dirlo all'utente
        if (isset($appo))
        {
            // SCENARIO PRINCIPALE
            $merce = new stdClass();   // creo l'oggetto
            $merce->id = $appo->id;
            $merce->nome = $appo->nome;
            $merce->prezzo = $appo->prezzo;
            // prelevo il carrello dalla sessione
            $carrello = $this->session->carrello;
            $carrello[] = $merce;   // aggiungo la merce
            // aggiorno il carrello (variabile di sessione)
            $this->session->carrello = $carrello;
            $this->load->view('carrello');
        }
        else
        {
            // SCENARIO ALTERNATIVO
            // L'ARTICOLO NON ESISTE
            $data['messaggio'] = "L'articolo non esiste!";
            $this->load->view('errore', $data);
        }
    }
}
```

La differenza sostanziale tra le due tecniche è che tramite Link si ha la memorizzazione dell'URL della richiesta nella cronologia del browser e quindi si ha la facilità di poter richiamare nuovamente in futuro tale operazione; invece tramite Form questo non avviene in quanto viene utilizzato il metodo POST che invia al server i dati non nel testo dell'URL ma all'interno dell'header del pacchetto HTTP.

Si noti che CodeIgniter fornisce il metodo input->post() per leggere i dati forniti in input tramite Form:

$id = $this->input->post('id');

invece con il PHP classico si farebbe

$id = $_POST['id']

Il principale vantaggio del metodo input->post() è che esso effettua automaticamente il controllo se il parametro in input è stato o meno settato ed eventualmente ritorna NULL.
In sostanza esso effettua la seguente operazione:

$id = isset($_POST['id']) ? $_POST['id'] : NULL;

Per maggiori informazioni vedi
https://www.codeigniter.com/user_guide/libraries/input.html

18. Caso d'uso: effettua l'ordine

Storyboard del caso d'uso:

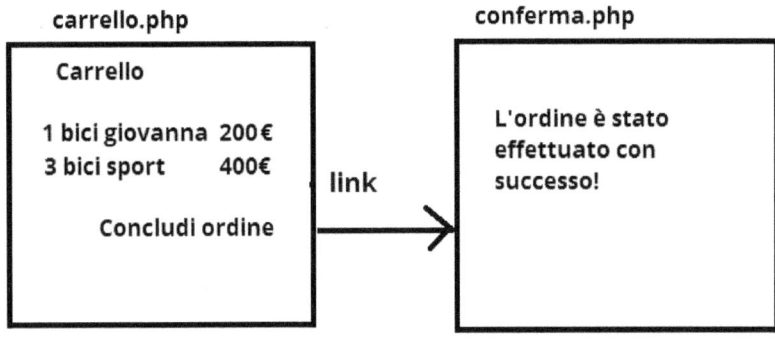

caso d'uso: effettua l'ordine   (scenario principale)

Dalla pagina del carrello si potrà cliccare sul link "Concludi ordine" che andrà a memorizzare nel database l'ordine costituito dagli articoli presenti nel carrello associati al nome dell'utente corrente.

Per poter fare l'ordine è richiesta l'effettuazione preliminare della procedura di login, inoltre è necessario che nel carrello ci sia almeno un articolo. In caso contrario si avrà uno scenario alternativo che porta ad un opportuno messaggio di errore.

Nella pagina carrello.php si aggiunge il link:

<?= anchor('go/concludiOrdine', 'Concludi ordine') ?>

La pagina di conferma del successo dell'operazione è la seguente:

conferma.php

```
<main>
<p> <?= $messaggio ?></p>
</main>
```

Nel database ci sarà la tabella ordini, dove per semplicità si è stabilito che per ogni articolo presente nel carrello venga registrato un ordine distinto. Questa semplificazione fa risparmiare la fatica di gestire due tabelle, una per la parte generale dell'ordine e l'altra per le sue righe di dettaglio.

tabella ordini

id	nome Cliente	idArticolo	prezzo	dataOra
1	pippo	1	200	04/22/18 17:03:41
2	pippo	3	400	04/22/18 17:03:41

Si noti che il campo nomeCliente fa riferimento alla tabella Utenti e il campo idArticolo fa riferimento alla tabella Articoli.

Il campo dataOra viene automaticamente riempito con la data e l'ora in cui viene registrato l'ordine.

La funzione inserisci_ordine(…) del Model effettua una **"transazione"** per rendere atomica la sequenza di inserimenti in modo da ottenere la registrazione nella tabella ordini di tutte le righe corrispondenti agli articoli presenti nel carrello. In caso di fallimento di qualcuna delle operazioni di inserimento si ha l'annullamento automatico dell'intera transazione (rollback), a cura del DBMS.

Negozio_model.php

```
class Negozio_model  extends CI_Model
{
public function inserisci_ordine($nomecliente, $carrello)
{
    $errore = NULL;
    // transazione per inserire tutte le righe dell'ordine
    $this->db->trans_start();
    foreach($carrello as $merce)
    {
        $sql = 'INSERT INTO ORDINI(NOMECLIENTE, IDARTICOLO, PREZZO)
                VALUES(?, ?, ?)';
        $this->db->query($sql, array($nomecliente, $merce->id,
                                $merce->prezzo));
        // acquisisco l'eventuale errore di esecuzione
        $e = $this->db->error(); // array con 'code' e 'message'
```

```
            if ($e['code'] != 0) // c'è stato un errore!!!
            {
                $errore = $e['message'];
            }
        }
        $this->db->trans_complete();
        // ritorno l'eventuale messaggio di errore, oppure NULL
        return $errore;
    }
}
```

Grazie al metodo db->error() è possibile intercettare gli eventuali errori di esecuzione delle operazioni sul database. Esso restituisce un array associativo con le chiavi "code" e "message", rispettivamente per il codice numerico dell'errore (0 significa "nessun errore") e il corrispondente messaggio di errore.

Il Controller gestisce lo scenario principale e anche gli scenari alternativi che si hanno quando non c'è stato il preliminare login dell'utente, oppure il carrello è vuoto oppure si ha un fallimento della transazione di aggiornamento del database.

Go.php

```
public function concludiOrdine()
{
    if($this->session->utente->nome != 'anonimo')
    {
        $nomecliente = $this->session->utente->nome;
        // ok l'utente è conosciuto
        $carrello = $this->session->carrello;
        if (count($carrello) > 0)
        {
            // ok ci sono merci nel carrello
            $errore = $this->negozio_model->
                    inserisci_ordine($nomecliente, $carrello);
            if (isset($errore))
            {
                // Scenario alternativo: errore database
                $data['messaggio'] = $errore;
                $this->load->view('header');
                $this->load->view('errore', $data);
                $this->load->view('footer');
            }
            else
```

```
                    {
                        // SCENARIO PRINCIPALE
                        // tutto OK
                        $data['messaggio'] = 'ORDINE EFFETTUATO CON
                                            SUCCESSO!';
                        $this->load->view('header');
                        $this->load->view('conferma', $data);
                        $this->load->view('footer');
                    }
                }
                else
                {
                        // Scenario alternativo: carrello vuoto
                        $data['messaggio'] = "Prima di concludere l'ordine
                                            devi riempire il carrello!";
                        $this->load->view('header');
                        $this->load->view('errore', $data);
                        $this->load->view('footer');
                }
        }
        else
        {
                // Scenario alternativo: login non effettuato
                $data['messaggio'] = "Per effettuare l'ordine
                                    devi accedere come utente!";
                $this->load->view('header');
                $this->load->view('errore', $data);
                $this->load->view('footer');
        }
}
```

19. Un altro caso d'uso: la registrazione di un utente

Si vuole aggiungere ai casi d'uso previsti all'inizio, la possibilità per gli utenti di registrarsi riempiendo un semplice form con nome, password desiderata e ruolo richiesto.

Lo storyboard dello scenario principale è il seguente:

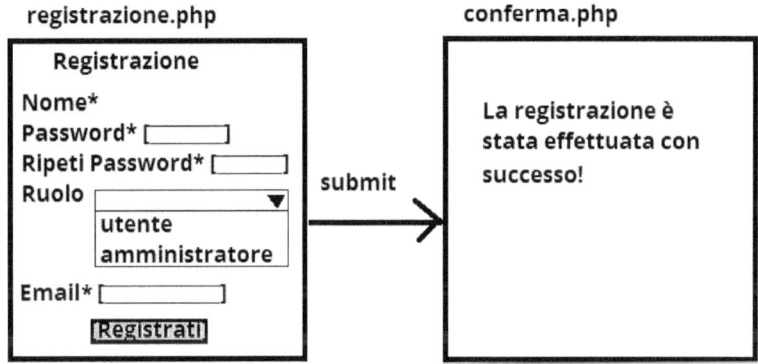

caso d'uso: registrazione di un utente   (scenario principale)

E' utile prevedere l'applicazione di opportune **regole di validazione** dei dati inseriti nel form.

Si possono prevedere degli scenari alternativi nel caso in cui i campi Nome o Password restino vuoti, oppure la Password sia troppo corta oppure la Ripetizione della Password non coincida con il contenuto del campo Password.

In questi casi si invierà all'utente ancora la pagina con il form da lui compilato con degli opportuni messaggi di errore e con la riproposizione dei dati precedentemente inseriti.

Si fa notare che quest'ultimo fatto, ovvero la riproposizione dei dati precedentemente inseriti nel form, non è affatto automatico, in quanto, per default, si otterrebbe la visualizzazione del form con tutti i campi vuoti.

Infatti, non si può pensare alla memorizzazione del contenuto di un form da parte del browser perché per definizione le pagine web dinamiche vengono create ogni volta dal server.

In sostanza, si tratta di aggiungere ai campi del form le funzioni set_value() e set_select() che consentono di impostare, rispettivamente, il value di un campo di input o l'attributo select delle opzioni di scelta.

Tali funzioni consentono di ripristinare i valori inseriti dall'utente e le opzioni di scelta da lui effettuate.

registrazione.php

```
<main>

<p id="errore"> <?= validation_errors() ?> </p>

<?= form_open('go/registraUtente') ?>
<p>
Nome* <input type="text" name="nome" value="<?=set_value('nome')?>">
</p>
<p>
Password* <input type="password" name="password">
</p>
<p>
Ripeti Password* <input type="password" name="ripetipassword">
</p>
<p>
Ruolo
<select name="ruolo">
<option value="utente" <?=set_select('ruolo','utente')?>> utente
</option>
<option value="admin" <?=set_select('ruolo','admin')?>>
amministratore</option>
</select>
</p>
<p>
Email* <input type="text" name="email" value="<?=set_value('email')?>">
</p>
<p><input type="submit" name="registrati" value="Registrati"></p>
</form>
<p> * campo obbligatorio </p>
</main>
```

Funzioni analoghe per checkbox e radiobutton sono set_checkbox() e set_radio(). Per i dettagli vedi https://www.codeigniter.com/userguide3/libraries/form_validation.html#re-populating-the-form

Il Controller ha la funzione registrazione(), per inviare all'utente la suddetta pagina con il form da compilare, e la funzione registraUtente() che riceve i dati del form, li controlla e, se tutto va bene, effettua la registrazione del nuovo utente nel database.

Go.php

```php
public function registrazione()
{
    // converrebbe controllare che la pagina
    // viaggi in modo protetto con HTTPS
    // if (is_https()) {
        $this->load->view('header');
        $this->load->view('registrazione');
        $this->load->view('footer');
    // }
    // else {
    // redirect('https://www.azienda.it/index.php/go/registrazione');
    // }
}


public function registraUtente()
{
    // acquisisco i dati del form
    $nome = $this->input->post('nome');
    $password = $this->input->post('password');
    $ripetipassword = $this->input->post('ripetipassword');
    $ruolo = $this->input->post('ruolo');
    $email = $this->input->post('email');

    // regole di validazione
    $this->form_validation->set_rules('nome', 'Nome', 'required');
    $this->form_validation->set_rules('password', 'Password',
            'required|min_length[5]');
    $this->form_validation->set_rules('ripetipassword', 'Ripeti
            Password', 'required|matches[password]');
    $this->form_validation->set_rules('email', 'Email',
            'required|valid_email');
```

```
    // effettuo il controllo
    if ($this->form_validation->run() == FALSE)
    {
        // scenario alternativo: qualche regola non è stata rispettata
        // ritorno al form di registrazione
        $this->load->view('header');
        $this->load->view('registrazione');
        $this->load->view('footer');
    }
    else
    {
        $errore = $this->negozio_model->inserisci_utente($nome,
                $password, $ruolo, $email);
        if (isset($errore))
        {
            // scenario alternativo: errore inserimento nel database
            $data['messaggio'] = $errore;
            $this->load->view('header');
            $this->load->view('errore', $data);
            $this->load->view('footer');
        }
        else
        {
            // scenario principale
            $data['messaggio'] = 'REGISTRAZIONE EFFETTUATA CON
                            SUCCESSO!';
            $this->load->view('header');
            $this->load->view('conferma', $data);
            $this->load->view('footer');
        }
    }
}
```

L'impostazione delle regole di validazione avviene utilizzando per ogni campo il metodo form_validation->set_rules() che vuole come parametri il nome del campo da controllare e una stringa con le regole da applicare separate da |.

Ci sono regole preimpostate per le esigenze più comuni e c'è anche la possibilità di definirne di nuove in modo personalizzato.

Per maggiori dettagli vedi la guida utente
https://www.codeigniter.com/userguide3/libraries/form_validation.html

Il server effettuerà i controlli chiamando il metodo booleano

form_validation->run()

Nel caso di esito FALSE verrà riproposto il form di registrazione con i diversi messaggi di errore, grazie alla funzione **validation_errors()**

Registrazione

Il campo "Password" deve contenere almeno 5 caratteri.

Il campo "Ripeti Password" è diverso dal campo "Password".

Il campo "Email" è obbligatorio.

Nome* antonio

Password*

Ripeti Password*

Ruolo utente ∨

Email*

Registrati

Il form con gli errori di validazione

Il Modello avrà la funzione inserisci_utente() per effettuare l'inserimento del nuovo record nella tabella Utenti:

Negozio_model.php

```php
public function inserisci_utente($nome, $password, $ruolo, $email)
{
    $messaggioDiErrore = NULL;
    $sql = 'INSERT INTO UTENTI(NOME, PASSWORD, RUOLO, EMAIL)
            VALUES(?,?,?,?)';
    $this->db->query($sql, array($nome, $password, $ruolo, $email));
    $e = $this->db->error();  // array 'code' 'message'
    if ($e['code'] != 0)
    { $messaggioDiErrore = $e['message']; }
    return $messaggioDiErrore;
}
```

I controlli lato client

Si vuole ora sottolineare il fatto che i controlli di validazione di un form effettuati "lato client", dal browser, mediante funzioni javascript sono da ritenersi totalmente inefficaci. Essi sono utili soltanto per aiutare l'utente a controllare quello che ha digitato e per dargli un "feedback" delle sue azioni.

Se si vuole la garanzia che i dati inseriti nel form rispettino alcune regole, allora si deve necessariamente ricorrere a **controlli lato server**, scritti in PHP.

Ad esempio, la seguente pagina html implementa un controllo di obbligatorietà dei campi di un form realizzato mediante una funzione javascript che interviene quando l'utente tenta di cliccare fuori dal campo di input. Se il campo è vuoto, il cursore viene fatto rimanere dentro lo stesso campo.

pagina.html

```html
<html>
<script>
function verifica_campo_obbligatorio(campo)
{
  if (campo.value == "")
    {
        alert ("Il campo è obbligatorio!");
        campo.focus();
        return false;  // non posso uscire dal campo
    }
    else
    { return true; }
}
</script>
<body>
<form method="post" action="#">
nome   <input type="text" name="nome"
            onblur="verifica_campo_obbligatorio(this)"> <br>
cognome   <input type="text" name="cognome"
            onblur="verifica_campo_obbligatorio(this)"> <br>
<input type="submit" value="invia">
</form>
</body>
</html>
```

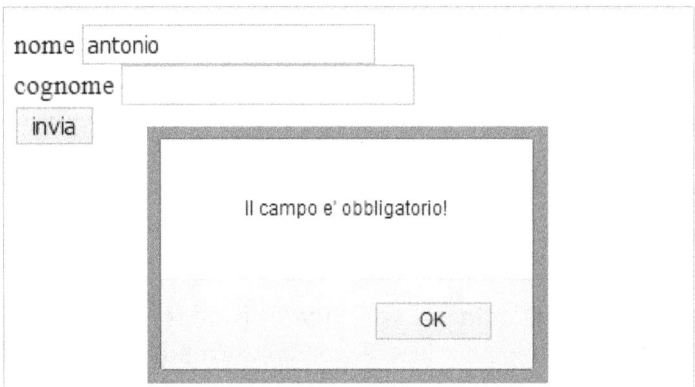

Tentativo di cliccare su "invia" con il cognome vuoto

Apparentemente il meccanismo funziona, ma basta che l'utente disabiliti javascript o riscriva la pagina senza la chiamata alla suddetta funzione e si potranno inviare i dati del form senza nessun controllo!

Vedi anche http://www.html.it/pag/16877/sui-form-e-sulle-validazioni-lato-client-javascript/

20. Confermare la registrazione mediante invio automatico di mail

Per illustrare anche la possibilità di inviare in modo automatico delle mail, si intende realizzare un meccanismo di validazione delle mail degli utenti che si registrano.

Si tratta di inviare all'indirizzo specificato in sede di registrazione, una mail contenente un link da cliccare per confermare la validità della mail stessa.

Da: xxxxx@tiscali.it <Admin>
A: pippo@gmail.com
Oggetto: Conferma Registrazione Go
sab 21 apr 2018 01:14

clicca sul seguente link per confermare la registrazione

La mail inviata a pippo

La procedura si conclude positivamente con la registrazione nel database dell'avvenuta conferma della mail.

Nel Controller si aggiungono le istruzioni per l'invio della mail allo scenario principale della funzione registraUtente():

Go.php

```php
public function registraUtente()
{
    // acquisizione degli input dal form
    $nome = $this->input->post('nome');
    $password = $this->input->post('password');
    $ripetipassword = $this->input->post('ripetipassword');
    $ruolo = $this->input->post('ruolo');
    $email = $this->input->post('email');

    // regole di validazione del form
    $this->form_validation->set_rules('nome', 'Nome', 'required');
    $this->form_validation->set_rules('password', 'Password',
```

```
                        'required|min_length[5]');
    $this->form_validation->set_rules('ripetipassword', 'Ripeti
                    Password', 'required|matches[password]');
    $this->form_validation->set_rules('email', 'Email',
                    'required|valid_email');
    if ($this->form_validation->run() == FALSE)
    {  // scenario alternativo: qualche regola non è stata rispettata
       // ritorno al form
       $this->load->view('header');
       $this->load->view('registrazione');
       $this->load->view('footer');
    }
    else
    {
      $errore = $this->negozio_model->inserisci_utente($nome,
              $password, $ruolo);
      if (isset($errore))
      {    // scenario alternativo: errore inserimento nel database
         $data['messaggio'] = $errore;
         $this->load->view('header');
         $this->load->view('errore', $data);
         $this->load->view('footer');
      }
      else
      {
      //// scenario principale
      // invio di una mail di conferma
      $this->email->from('xxxxx@tiscali.it', 'Admin');
      $this->email->to($email);
      $this->email->subject('Conferma registrazione Go');
      $testo = '<p>clicca sul seguente link per  <a href=
      "http://www.azienda.it/index.php/go/confermaMail/'.$nome.'">
        confermare la registrazione</a></p>';
      $this->email->message($testo);
      $this->email->send();
      /********** istruzioni per la fase di debug *******
       * if ($this->email->send()) {
       *     echo 'Your email was sent';
       *     } else {
       *     show_error($this->email->print_debugger());
       * }
       ********** fine debug ***********************/
      //// fine mail
      $data['messaggio'] = 'REGISTRAZIONE EFFETTUATA CON SUCCESSO!<br>
            Riceverai una mail per effettuare la conferma!';
      $this->load->view('header');
      $this->load->view('conferma', $data);
      $this->load->view('footer');
} } }
```

Le istruzioni per l'invio della mail sono autoesplicative.
La mail conterrà il link del tipo

http://www.azienda.it/index.php/go/confermaMail/pippo

per confermare l'utente di nome pippo.

Nel suddetto codice sono riportate come blocco di commento le istruzioni per il debug dell'invio della mail, che sono risultate utili al sottoscritto per individuare errori dovuti a problematiche di configurazione del servizio.

Sempre nel Controller si deve aggiungere la funzione confermaMail(...) che verrà attivata cliccando sul link della mail.

Essa, sostanzialmente, si rivolge al Modello per far confermare l'utente in questione:

Go.php

```php
// funzione richiesta dal link della mail
public function confermaMail($nome)
{
    $errore = $this->negozio_model->conferma_utente($nome);
    if (isset($errore))
    {   // scenario alternativo: errore database
        $data['messaggio'] = $errore;
        $this->load->view('header');
        $this->load->view('errore', $data);
        $this->load->view('footer',);
    }
    else
    {   // scenario principale
        $data['messaggio'] = 'UTENTE '.$nome.' CONFERMATO CON
                             SUCCESSO!';
        $this->load->view('header');
        $this->load->view('conferma', $data);
        $this->load->view('footer');
    }
}
```

La classe Negozio_model si arricchisce di un metodo per modificare l'utente da confermare:

Negozio_model.php

```php
public function conferma_utente($nome)
{
    $messaggioDiErrore = NULL;
    $sql = 'UPDATE UTENTI SET CONFERMATO = "si" WHERE NOME = ?';
    $this->db->query($sql, array($nome));
    $e = $this->db->error();
    if ($e['code'] != 0)
    {
        $messaggioDiErrore = $e['message'];
    }
    return $messaggioDiErrore;
}
```

Per la configurazione del servizio di posta elettronica vedi Appendice 3.

21. Un altro caso d'uso: il download di un documento

In una pagina del sito si vuole mettere un link per scaricare un file dal server.

Si potrebbe trattare di un qualsiasi tipo di file. L'esempio proposto riguarda un documento pdf, di nome istruzioni.pdf, contenuto nella cartella "documents", opportunamente creata dentro la root della applicazione.

La sequenza delle schermate propone una ipotetica pagina con un link per effettuare il download del documento:

pagina.php

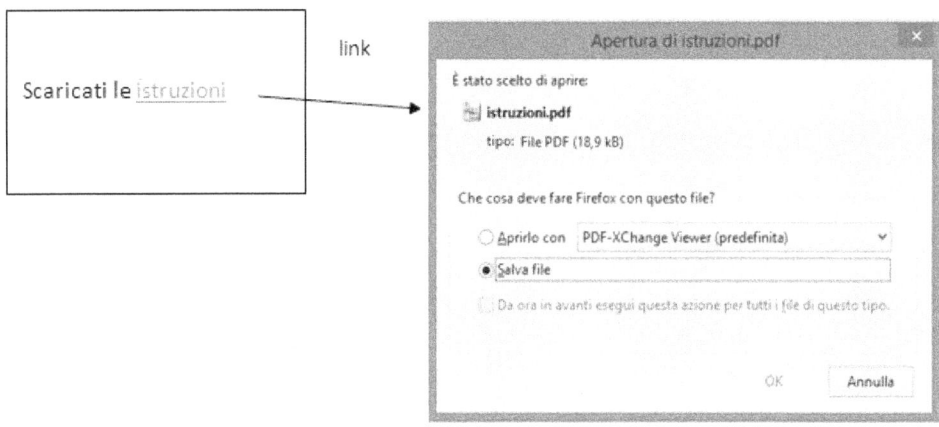

Il download di un documento

Si potrebbe pensare di fare un semplice link diretto al file da scaricare con la seguente istruzione:

Scaricati le <a href="/documents/istruzioni.pdf"> istruzioni</a>

Tuttavia, in generale, conviene utilizzare la mediazione del Controller per avere la possibilità di gestire eventuali permessi degli utenti oppure per poter effettuare operazioni collaterali, come una contabilizzazione delle operazioni di download effettuate dall'utente.

In questo caso l'istruzione da scrivere è la seguente:

Scaricati le <?=anchor('go/download/istruzioni.pdf', 'istruzioni')?>

Di conseguenza, il Controller conterrà la funzione download(...) che riceve come parametro il nome del file da scaricare:

Go.php

```php
public function download($doc)
{
    // ad esempio $doc = 'istruzioni.pdf'
    force_download('documents/'.$doc, NULL);
    // poi rimango nella pagina dove sono
}
```

viene utilizzata la funzione force_download() che consente di inviare all'utente un file esistente, specificandone il nome ed il percorso come primo parametro e NULL come secondo parametro.

La funzione force_download($nome, $data) può anche essere utilizzata per inviare all'utente un file creato "al volo" con i dati forniti come secondo parametro.

Il seguente esempio mostra una funzione del Controller per la creazione e l'invio di un file in formato rtf.
Questa funzione potrebbe diventare interessante per produrre in modo personalizzato dei documenti rtf (rich text format) che possono essere letti, modificati e stampati da Word.
Vedi anche https://www.settorezero.com/wordpress/il-formato-richtext-cose-come-funziona-e-come-sfruttare-le-specifiche-rtf-per-formattare-il-testo-in-maniera-avanzata-nelle-richtext-box-in-visual-basic/

Go.php

```php
public function provaRTF()
{
    // viene creato un semplice file rtf
```

```
// con due paragrafi di testo
$data = '{\rtf
Ciao!\par
Ecco del testo in {\b grassetto}.\par}';
force_download('prova.rtf', $data);
// poi rimango nella pagina dove sono
}
```

si ottiene il seguente file:

prova.rtf

Ciao!

Ecco del testo in **grassetto**.

Infine, si vuole proporre una funzione per esportare una tabella di dati in formato csv, leggibile dal foglio elettronico Excel e, in generale, da qualsiasi programma che lavora con tabelle di dati.

Il formato csv (comma separated values) prevede che i valori di una riga siano separati da virgola (oppure punto e virgola) e che al termine della riga si vada a capo.

L'esempio proposto consiste nell'esportazione del catalogo degli articoli in formato csv usando con separatore il punto e virgola:

Go.php

```
public function provaCSV()
{
    $array_articoli = $this->negozio_model->get_articoli();
    // uso le virgolette per delimitare la stringa "..."
    // per avere la corretta interpretazione dei caratteri speciali
    // se invece si usano gli apici singoli '...'
    // i caratteri speciali non vengono interpretati
    // ma riscritti così come sono
    $data="id;nome;prezzo\r\n";
    foreach($array_articoli as $articolo)
    {
        $data = $data.$articolo->id.";".$articolo->nome.";".
```

```
            $articolo->prezzo."\r\n";
      }
      force_download('catalogo.csv', $data);
}
```

si ottiene il file catalogo.csv

	File Modifica Formato Visualizza ?
	id;nome;prezzo
	1;bici giovanna;500
	2;bici graziella;250
	3;bici sport;220
	4;bici maddalena;220
	5;bici allegria;280
	6;bici furia;230
	7;bici betulla;170
	8;bici furtiva;330
	9;bici sorgente;550

	A	B	C
1	id	nome	prezzo
2	1	bici giovanna	500
3	2	bici graziella	250
4	3	bici sport	220
5	4	bici maddalena	220
6	5	bici allegria	280
7	6	bici furia	230
8	7	bici betulla	170
9	8	bici furtiva	330
10	9	bici sorgente	550
11			

Visualizzazione di catalogo.csv con BloccoNote e con Excel

22. Recuperare il valore assegnato all'ID autoincrementante

Talvolta, quando si inserisce un nuovo record in una tabella con chiave primaria costituita da un ID auto incrementante, può servire recuperare il valore che il DBMS ha assegnato automaticamente a tale ID.

Per recuperare l'id autoincrementante dell'ultimo record inserito si deve impostare una **transazione** comprendente l'istruzione di inserimento del record e l'istruzione di recupero dell'ultimo id generato dal database.

Se non si definisce una transazione comprendente queste due istruzioni si rischia che, a causa del possibile accesso concorrente di altri utenti, l'ultimo record inserito sia quello di un altro utente e che pertanto si riceva il suo id e non il nostro!.

Ad esempio si consideri l'inserimento di un ordine nella tabella ordini e immediatamente dopo il recupero del relative ID. La funzione inserisciOrdine(...) è uno dei metodi della classe Negozio_model:

Negozio_model.php

```
public function inserisciOrdine($nomecliente, $idarticolo, $prezzo)
{
    $this->db->trans_start();  // BEGIN TRANSACTION
    $sql = 'INSERT INTO ORDINI(NOMECLIENTE, IDARTICOLO, PREZZO)
VALUES(?, ?, ?)';
    $this->db->query($sql, array($nomecliente, $idarticolo, $prezzo));
    $e = $this->db->error();  // array 'code' 'message'
    $ultimo_id = $this->db->insert_id();
    $this->db->trans_complete();  // COMMIT
    if ($e['code'] != 0)
    {
        $messaggioDiErrore = $e['message'];
        return $messaggioDiErrore;   // stringa di caratteri
    }
    else
    {
        return  $ultimo_id;    // valore numerico intero
    }
}
```

23. Pagine interattive con AJAX

Mediante la tecnica AJAX *(Asynchronous JavaScript and XML)* si possono rendere interattive la pagine dell'applicazione web.

Essa prevede la possibilità di inviare al server una richiesta in modo asincrono; ovvero il browser invia al server una richiesta senza uscire dalla pagina corrente e nel frattempo il server può rispondere inviando dei dati che il browser può visualizzare sempre all'interno della pagina corrente.

In questo modo si da all'utente la sensazione di interattività della pagina, che risponde alle azioni dell'utente in modo sostanzialmente analogo a come farebbe una tradizionale applicazione desktop.

Tecnicamente il browser utilizza il linguaggio Javascript per effettuare la richiesta al server e per gestire la risposta dello stesso.

Per comodità conviene utilizzare la libreria jQuery (https://jquery.com/download) che semplifica l'utilizzo delle funzioni AJAX e libera il programmatore dal compito di occuparsi di gestire direttamente il sottostante oggetto XMLHttpRequest.

I dati restituiti dal server sono tipicamente strutturati secondo il formato JSON (JavaScript Object Notation); per una introduzione vedi https://www.w3schools.com/js/js_json_intro.asp

Il linguaggio PHP consente di produrre oggetti in notazione JSON mediante la funzione json_encode(). Ad esempio:

```php
<?php
$data['nome'] = 'Paolo';
$data['cognome'] = 'Rossi'
echo json_encode($data);
?>
```

Si ottiene come output: {"nome":"Paolo","cognome":"Rossi"}

Vedi anche http://php.net/manual/en/function.json-encode.php.

Poi, il linguaggio javascript consente di leggere comodamente tale oggetto: se il nome della variabile che lo contiene è **utente**, allora i suoi attributi vengono letti scrivendo:

utente.nome   e   utente.cognome

Alcuni esempi introduttivi sull'uso di AJAX si trovano in
https://www.formget.com/codeigniter-jquery-ajax-post/ e
http://codingjam.it/jquery-ajax-si-fatica-no/

24. Rivisitazione con AJAX del caso d'uso: Metti articolo nel carrello

Si vuole realizzare una nuova versione del caso d'uso "Metti articolo nel carrello" in modo tale da effettuare tale operazione senza uscire dalla pagina del dettaglio dell'articolo scelto e tuttavia darne un riscontro all'utente visualizzando il contatore aggiornato del numero di articoli attualmente presenti nel carrello.

Accanto al carrello c'è il numero di articoli presenti nello stesso

La pagina header.php viene modificata per aggiungere la visualizzazione del conteggio degli articoli presenti nel carrello:

header.php

```
<html>
<body>
<header><h1> Negozio Biciclette </h1></header>
<nav>
<?= anchor('go/index', 'Pagina Iniziale') ?>
<?= anchor('go/faq', 'Domande Frequenti') ?>
<?= anchor('go/catalogo', 'Catalogo') ?>
<?= anchor('go/riservato', 'Riservato') ?>
<?= anchor('go/carrello', img('images/carrello-della-spesa.png'))?>
<span id="nbici"><?=count($this->session->carrello)?></span>
</nav>
```

Così facendo, si ottiene la visualizzazione del conteggio degli articoli presenti nel carrello, ma il valore di tale conteggio viene calcolato al momento della creazione di tale pagina.

Infatti, l'espressione **<?=count($this->session->carrello)?>,** posta accanto all'icona del carrello, viene calcolata soltanto al momento del caricamento della pagina nel browser. Dopodiché, per aggiornarne il valore, si deve agire mediante una funzione javascript.

Pertanto, nella pagina dettaglio.php viene inserita la funzione javascript metti() che consente di aggiungere una merce nel carrello e che, simultaneamente, si fa dare dal server il conteggio aggiornato e lo visualizza nell'header della pagina corrente.

dettaglio.php

```
<main>
<h2> Dettaglio Articolo </h2>
<p> <?= $articolo->id ?>      <?= $articolo->nome ?>
<br>
<?= img('images/'.$articolo->foto) ?>
<br>
Prezzo <?= $articolo->prezzo ?>  &euro;
</p>

<!-- altro modo per mettere la merce nel carrello : AJAX BUTTON -->
<script src="/bici/jquery.min.js"></script>
<script type="text/javascript">
function metti()
{
```

```
$.ajax({
   type: "POST",
   url: "<?= site_url('go/mettiNelCarrello3') ?>",
   data: "id= <?= $articolo->id ?>",
   dataType: "json",
   success: function(risposta) {
      $("span#nbici").html(risposta.numero);
   },
   error: function(richiesta, stato, errori) {
      $("span#nbici").html("Errore: "+stato+" "+errori);
   }
});
}
</script>
<p> <button  id="bottone"  onclick="metti()"> Metti  nel  carrello
</button> </p>
</main>
```

Il pulsante <u>Metti nel carrello</u> chiama la funzione javascript metti(), la quale effettua una richiesta asincrona al server tramite la funzione $.ajax() di jQuery.

Questa richiesta viene inviata all'url

http://www.azienda.it/index.php/go/mettiNelCarrello3

ed invia, con il metodo POST, l'id dell'articolo scelto.

Il server risponde restituendo alla pagina chiamante un oggetto in formato json (dataType: "json") contenente il numero degli articoli ora presenti nel carrello della spesa.

Tale valore (risposta.numero) viene assegnato all'elemento della pagina html che è situato accanto all'icona del carrello della spesa, con la seguente istruzione di jQuery:

$("span#nbici").html(risposta.numero);

La funzione ajax() può anche inviare al server più valori da elaborare.

Per esempio si potrebbero inviare l'id dell'articolo e il prezzo dell'articolo. Se i valori da inviare fossero costanti si potrebbe fare:

data: {id:"1", prezzo:"450"},

Invece per valori variabili, conviene definire delle variabili di appoggio:

```
function metti()  // versione ipotetica
{
var idarticolo = <?= $articolo->id ?>;
var prezzoarticolo = <?= $articolo->prezzo ?>;
$.ajax({
   type: "POST",
   url: "<?= site_url('go/mettiNelCarrello3') ?>",
   data: {id: idarticolo, prezzo: prezzoarticolo},
   ...
});
}
```

Oltre alla funzione da chiamare in caso di successo (success), si può prevedere una funzione in caso di errore (error) che visualizzi gli errori di comunicazione con il server.

Si potrebbe verificare un errore di collegamento con il server oppure un errore nel formato dei dati inviateci dal server. In quest'ultimo caso si avrebbe il seguente output:

Errore: parsererror SyntaxError: JSON.parse: unexpected end of data

Il Controller ha la funzione MettiNelCarrello3(), che termina con la restituzione dei dati richiesti (il numero di merci presenti nel carrello) in formato json:

Go.php

```
public function mettiNelCarrello3()    // con AJAX
{
    $id = $this->input->post('id');  // leggo l'input del form
    $appo = $this->negozio_model->get_articolo($id);

    if (isset($appo))
    {
        //SCENARIO PRINCIPALE
        $merce = new stdClass();  // creo l'oggetto
        $merce->id = $appo->id;
        $merce->nome = $appo->nome;
        $merce->prezzo = $appo->prezzo;
```

```
        // prelevo il carrello dalla sessione
        $carrello = $this->session->carrello;
        $carrello[] = $merce;  // aggiungo la merce
        // aggiorno il carrello (variabile di sessione)
        $this->session->carrello = $carrello;
    }
    // conto le merci presenti nel carrello
    // e le restituisco come oggetto JSON
    $carrello = $this->session->carrello;
    $data['numero'] = count($carrello);
    $this->output->set_content_type('application/json');
    $this->output->set_output(json_encode($data));
}
```

Si noti che la funzione MettiNelCarrello3() non termina inviando al browser una intera pagina html, come sempre fatto finora, bensì inviando come output al browser dei dati strutturati come array associativo:

$data['numero'] = count($carrello);

codificati in formato json:

$this->output->set_content_type('application/json');

$this->output->set_output(json_encode($data));

La funzione ajax del browser riceve tali dati come oggetto json di nome 'risposta' e quindi accede al valore associato a 'numero' scrivendo:

risposta.numero

25. Invio di una notifica automatica con Telegram

Telegram

Si vuole effettuare l'invio automatico di messaggi ad una chat di Telegram per notificare la registrazione degli ordini effettuati dai clienti.

Innanzitutto si deve creare un utente artificiale (bot) incaricato di inviare i messaggi alla chat del destinatario (https://core.telegram.org/bots).

Il bot creato avrà un codice identificativo, detto "token" e sarà in grado di svolgere alcune operazioni, come l'invio di messaggi ad una chat.

Il destinatario dei messaggi può creare una chat singola associata a tale utente artificiale (bot) oppure può creare una chat di gruppo e aggiungervi, oltre che utenti reali, anche il suddetto utente artificiale.

In ogni caso è necessario recuperare l'id della chat in questione, digitando tramite il browser il seguente indirizzo:

https://api.telegram.org/bot<token>/getUpdates

dove al posto di <token> si metterà l'effettivo valore del token, come nel seguente esempio:

https://api.telegram.org/bot123456:ABCDEF1234ghIklzyx57W2v1u123ew11/getUpdates

L'applicazione di Telegram restituirà al browser un oggetto json contenente l'id della chat, come nei seguenti due esempi, rispettivamente, di una chat privata e di una chat di gruppo:

```
message: {
    chat: {
        id: 123456789,
        first_name: "Roberto",
        last_name: "Bandiera",
        type: "private",
        ...
    }
    ...
}
```

```
message: {
    chat: {
        id: -210987654,
        title: "NomeDelGruppo",
        type: "group",
        ...
    }
    ...
}
```

A tale proposito vedi anche https://www.emmecilab.net/come-trovare-lid-di-una-chat-telegram/

A questo punto, per inviare manualmente un messaggio alla chat desiderata, basta digitare il seguente indirizzo tramite il browser:

https://api.telegram.org/bot<token>/sendMessage?chat_id=<id_della_chat>&text=<il testo del messaggio>

Esempio:

https://api.telegram.org/
bot123456:ABCDEF1234ghIklzyx57W2v1u123ew11/sendMessage?chat
_id=123456789&text=Ciao sono il tuo bot!

Per programmare un invio automatico di messaggi tramite l'applicazione web, si deve usare **la libreria cURL di PHP**. Questa libreria consente a PHP di inviare richieste e dialogare con server remoti utilizzando diversi protocolli.

Il seguente codice mostra la funzione concludiOrdine() del controller integrata con le istruzioni per inviare una notifica ad una chat di Telegram:

Go.php

```
public function concludiOrdine()  // con TELEGRAM
{
  if($this->session->utente->ruolo == 'utente')
  {
     $nomecliente = $this->session->utente->nome;
     // ok si può fare l'ordine
```

```php
      $carrello = $this->session->carrello;
      if (count($carrello) > 0)
      {
        // ok ci sono merci nel carrello
        $errore = $this->negozio_model->inserisci_ordine($nomecliente,
$carrello);
        if (isset($errore))
        {
            // scenario alternativo: errore database
            $data['messaggio'] = $errore;
            $this->load->view('errore', $data);
        }
        else
        {
            // scenario principale
            // tutto OK
            /****  Invio una notifica Telegram ****/
            $messaggio="Hai appena ricevuto un ordine!\n da".
                        $nomecliente;
            $botToken = "123456:ABCDEF1234ghIklzyx57W2v1u123ew11";
            $website="https://api.telegram.org/bot".$botToken;
            $chatID=123456789;   //Receiver Chat Id
            $params=[
                        'chat_id'=>$chatID,
                        'text'=>$messaggio,
                    ];
            $ch = curl_init($website.'/sendMessage');
            curl_setopt($ch, CURLOPT_HEADER, false);
            curl_setopt($ch, CURLOPT_RETURNTRANSFER, TRUE);
            curl_setopt($ch, CURLOPT_POST, TRUE);
            curl_setopt($ch, CURLOPT_POSTFIELDS, ($params));
            curl_setopt($ch, CURLOPT_SSL_VERIFYPEER, false);
            $result = curl_exec($ch);
            curl_close($ch);
            /************************************/
            $data['messaggio'] = 'ORDINE EFFETTUATO CON SUCCESSO!';
            $this->load->view('conferma', $data);
        }
    }
    else
    {
        // scenario alternativo: carrello vuoto
        $data['messaggio'] = "Prima di concludere l'ordine
                        devi riempire il carrello!";
        $this->load->view('errore', $data);
    }
  }
  else
  {
    // scenario alternativo: non hai fatto il login
```

```
        $data['messaggio'] = "Per effettuare l'ordine
                             devi accedere come utente!";
        $this->load->view('errore', $data);
    }
}
```

In sostanza si tratta di

- creare l'oggetto cURL con la funzione curl_init(),
- impostare alcune proprietà con curl_setopt(),
- eseguire l'invio della richiesta al server con curl_exec()
- chiudere la comunicazione con il server con curl_close().

Per i dettagli vedi https://www.mrwebmaster.it/php/usare-curl-php-interagire-risorse-remote_12050.html e https://stackoverflow.com/questions/38272285/sending-message-in-telegram-bot-using-curl

Si vuole soltanto far notare che non è possibile concatenare i parametri della richiesta direttamente nell'url perché gli eventuali spazi inclusi nel testo del messaggio creerebbero un errore di comunicazione con il server.

Pertanto è necessario ricorrere ad una apposita opzione per impostare i parametri della richiesta al server:

```
$params=[

        'chat_id'=>$chatID,

        'text'=>$messaggio,

        ];

curl_setopt($ch, CURLOPT_POSTFIELDS, ($params));
```

26. Realizzare delle API per l'applicazione

Le API (Application Programming Interface), in generale, sono delle funzioni che permettono al programmatore di interagire con un programma o una piattaforma software per poter sfruttare le funzionalità della applicazione stessa richiamandole tramite un altro programma, che può essere una app per dispositivi mobili oppure un browser web.

Ad esempio, nel paragrafo precedente, si è visto l'utilizzo delle API di Telegram per inviare messaggi ad una chat su smartphone.

A titolo esemplificativo vengono realizzate due funzioni che possono essere richiamate mediante il protocollo http e restituiscono, rispettivamente, un array con gli articoli del catalogo e un oggetto con le informazioni di dettaglio di un determinato articolo.

In entrambi i casi si tratta di dati restituiti al chiamante in formato json.

A tale scopo, si crea un nuovo controller chiamato Api.php con le funzioni che vengono fornite come API dell'applicazione:

Api.php

```php
class Api extends CI_Controller
{
    public function getCatalogo()
    {
        $appo = $this->negozio_model->get_articoli();
        $this->output->set_content_type('application/json');
        $this->output->set_output(json_encode($appo));
    }

    public function getDettaglio($id)
    {
        $appo = $this->negozio_model->get_articolo($id);
        $this->output->set_content_type('application/json');
        $this->output->set_output(json_encode($appo));
    }
}
```

Per gestire il formato dell'output si sfrutta l'apposita libreria di CodeIgniter.

Per poter chiamare la prima di queste funzioni tramite un browser si dovrà impostare l'indirizzo:

http://www.azienda.it/index.php/api/getCatalogo

Si ottiene il seguente array in formato json:

```
[{"id":"1","nome":"bici giovanna","foto":"articolo1.jpg","prezzo":"500"},
{"id":"2","nome":"bici graziella","foto":"articolo2.jpg","prezzo":"250"},
{"id":"3","nome":"bici sport","foto":"articolo3.jpg","prezzo":"220"},
...
]
```

Per chiamare la seconda funzione per l'articolo di codice 1, si dovrà impostare il seguente indirizzo:

http://www.azienda.it/index.php/api/getDettaglio/1

Si ottiene il seguente oggetto json, visualizzato dal browser:

L'articolo 1 in formato json

27. Un sistema di log personalizzato

Per questioni di sicurezza è sempre opportuno effettuare la registrazione in un file di log di tutte le richieste che vengono inviate al server dell'applicazione.

Ad esempio si potrebbe voler registare le seguenti informazioni di ciascuna richiesta:

- data e ora,
- indirizzo ip,
- nome utente,
- stringa di richiesta inviata dal browser

CodeIgniter fornisce una libreria per effettuare il log che può essere facilmente personalizzata (vedi http://sparklinghub.com/custom-logging-in-codeigniter/).

Nel file config.php vengono riportati i livelli di log previsti da CodeIgniter:

0 = Disables logging, Error logging TURNED OFF

1 = Error Messages (including PHP errors)

2 = Debug Messages

3 = Informational Messages

4 = All Messages

Sempre nel file config.php è possibile impostare il livello di log desiderato, come ad esempio:

$config['log_threshold'] = 2;

per avere sia i messaggi di errore che quelli di debug.

Se invece si vogliono solo i messaggi di debug, senza quelli di errore si deve specificare un array con i tipi di log desiderati, come nella seguente istruzione:

$config['log_threshold'] = array(2);

per default i messaggi di log sono disabilitati:

```
$config['log_threshold'] = 0;
```

Ad esempio, se in qualche punto del programma si vuole far scrivere nel file di log un messaggio di debug si inserisce una istruzione come la seguente:

```
log_message('debug', 'la variabile x è stata assegnata con il valore '.$x);
```

Ora si vuole personalizzare il sistema di log, aggiungendo un nuovo livello di log per i nostri messaggi.

Pertanto, si deve modificare il file Log.php, che si trova nella cartella **system/core** e si aggiunge il livello 5 CUSTOM:

Log.php

```
protected $_levels = array('ERROR' => 1, 'DEBUG' => 2, 'INFO' => 3, 'ALL'
=> 4, 'CUSTOM' => 5);
```

Nel file config.php si imposta la registrazione dei soli messaggi CUSTOM:

```
$config['log_threshold'] = array(5);
```

in questo modo si possono registrare informazioni personalizzate nel file di log con istruzioni come la seguente:

```
log_message('custom', 'La variabile x vale '.$x);
```

L'obiettivo di registrare i contenuti delle richieste ricevute dal server viene raggiunto aggiungendo nel costruttore del controller Go.php una istruzione di utilizzo della funzione log_message() che scriva l'indirizzo ip dell'utente (REMOTE_ADDR), il nome dell'utente contenuto nella variabile di sessione e la stringa di richiesta inviata dal browser (REQUEST_URI):

Go.php

```
public function __construct()
{
    parent::__construct();

    // se non c'è l'utente lo creo anonimo
    if (!isset($this->session->utente))
    {
        $utente_anonimo = new stdClass();
        $utente_anonimo->nome = 'anonimo';
        $utente_anonimo->ruolo = 'anonimo';
        $this->session->utente = $utente_anonimo;
    }
    // se non c'è il carrello lo creo vuoto
    if (!isset($this->session->carrello))
    {
        $carrello = array();
        $this->session->carrello = $carrello;
    }
    // scrivo il messaggio di log personalizzato
    log_message('custom', $_SERVER["REMOTE_ADDR"].
        ' '.$this->session->utente->nome.
        ' '.$_SERVER['REQUEST_URI']);
}
```

Per default il file di log viene messo nella cartella:

application/logs/

Si ottiene un file di log come il seguente (dove le richieste sono state fatte da localhost ::1)

```
CUSTOM - 2018-05-22 01:02:34 --> ::1  anonimo  /bici/index.php/go/index
CUSTOM - 2018-05-22 01:02:35 --> ::1  anonimo  /bici/index.php/go/faq
CUSTOM - 2018-05-22 01:02:36 --> ::1  anonimo  /bici/index.php/go/catalogo
CUSTOM - 2018-05-22 01:02:38 --> ::1  anonimo  /bici/index.php/go/dettaglio/1
CUSTOM - 2018-05-22 01:02:41 --> ::1  anonimo
/bici/index.php/go/mettiNelCarrello/1
CUSTOM - 2018-05-22 01:02:43 --> ::1  anonimo  /bici/index.php/go/faq
CUSTOM - 2018-05-22 01:02:45 --> ::1  anonimo
/bici/index.php/go/download/istruzioni.pdf
CUSTOM - 2018-05-22 01:11:47 --> ::1  anonimo  /bici/index.php/go/entra
CUSTOM - 2018-05-22 01:11:54 --> ::1  anonimo  /bici/index.php/go/controlla
Login
```

DATA ANALYTICS

Il file di log può essere utilizzato anche per effettuare delle analisi sulle funzioni maggiormente richieste (data mining) e anche sui processi di navigazione nel sito effettuati dagli utenti (process mining).
Si possono così avere le informazioni per migliorare i servizi forniti dalla applicazione web.

28. Un altro caso d'uso: vedere l'elenco dei miei ordini

Si vuole aggiungere la possibilità per un utente che ha fatto l'accesso al sistema (login) di rivedere l'elenco dei suoi ordini.

Lo storyboard consiste nella seguente sequenza di schermate:

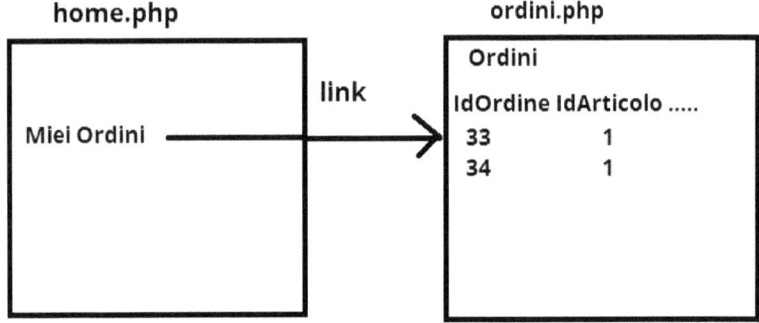

caso d'uso: vedere elenco dei miei ordini

Descrizione: si clicca sul menu e si va alla pagina che visualizza l'elenco degli ordini effettuati dall'utente attualmente riconosciuto nella sessione di lavoro.

La pagina che mostra questo elenco di ordini potrebbe essere la seguente:

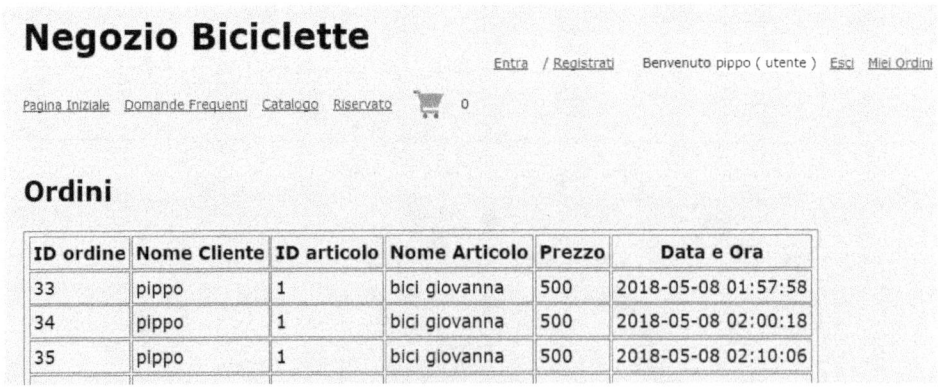

Elenco degli ordini di pippo

Si tratta sostanzialmente di effettuare una interrogazione al database per recuperare dalla tabella degli ordini tutti quelli che hanno nel campo nomeCliente un valore uguale a quello del nome del cliente della sessione corrente: $this->session->utente->nome

Il Controller, dopo aver controllato che la sessione corrente abbia un utente non anonimo, chiede al Modello l'elenco degli ordini del cliente corrente e li visualizza tramite l'apposita pagina:

Go.php

```php
public function elencoMieiOrdini()
{
    if($this->session->utente->nome != 'anonimo')
    {
        // scenario principale
        $nomecliente = $this->session->utente->nome;
        // ok si può fare
        $data['ordini'] =
                    $this->negozio_model->get_ordini($nomecliente);
        $this->load->view('header');
        $this->load->view('ordini', $data);
        $this->load->view('footer');
    }
    else
    {
        // scenario alternativo: non hai fatto il login
        $data['messaggio'] = "Devi prima fare l'accesso come
                            utente!";
        $this->load->view('header');
        $this->load->view('errore', $data);
        $this->load->view('footer');
    }
}
```

Se l'utente ha effettivamente effettuato il riconoscimento tramite login si ha lo scenario principale, se invece si tratta di un utente anonimo, si ha lo scenario alternativo dove all'utente viene mostrata una pagina di errore, invitandolo ad effettuare il login.

Si noti che l'identificativo del cliente per l'accesso ai suoi dati nel database viene prelevato dalla variabile di sessione:

$nomecliente = $this->session->utente->nome;

La funzione get_ordini() del Modello riceve come parametro il nome del cliente interessato:

Negozio_model.php

```
public function get_ordini($nomecliente)
{
    $query = $this->db->query("select ordini.id as idOrdine,
                        nomeCliente, idArticolo, articoli.nome,
                        ordini.prezzo, dataOra
                        from ordini inner join articoli
                        on ordini.idArticolo = articoli.id
                        where nomeCliente = ?
                        order by ordini.id",
                        array($nomecliente));
    return $query->result(); // array di oggetti
}
```

La query SQL coinvolge la tabella Ordini e la tabella Articoli, effettuando un INNER JOIN:

```
    SELECT ORDINI.ID AS IDORDINE, NOMECLIENTE, IDARTICOLO,
        ARTICOLI.NOME, ORDINI.PREZZO, DATAORA
    FROM ORDINI INNER JOIN ARTICOLI
        ON ORDINI.IDARTICOLO = ARTICOLI.ID
    WHERE NOMECLIENTE = ?
    ORDER BY ORDINI.ID
```

Nel caso di campi con lo stesso nome nelle due tabelle, per evitare ambiguità, si deve specificare anche il nome della tabella a cui essi appartengono: ad esempio ORDINI.ID e ARTICOLI.ID.

Inoltre, per poter richiamare facilmente il valore di un campo dal codice PHP può convenire assegnargli un ALIAS, cioè un nome alternativo, come nel caso di

```
    ORDINI.ID AS IDORDINE
```

La pagina della Vista che visualizza i dati è ordini.php. Essa prevede un ciclo per la creazione di una tabella html contenente i dati degli ordini:

ordini.php

```
<main>
<h2> Ordini </h2>

<table>
<tr><th>ID ordine</th><th>Nome Cliente</th><th>ID articolo</th>
<th>Nome Articolo</th><th>Prezzo</th><th>Data e Ora</th></tr>

<?php foreach($ordini as $o): ?>
<tr><td><?=$o->idOrdine?></td>
<td><?=$o->nomeCliente?></td>
<td><?=$o->idArticolo?></td>
<td><?=$o->nome?></td>
<td><?=$o->prezzo?></td>
<td><?=$o->dataOra?></td>
</tr>
<?php endforeach ?>
</table>
</main>
```

29. Differenziare il menu per diversi utenti

Per **differenziare il menu** della barra di navigazione del sito a seconda del fatto che l'utente sia ancora anonimo oppure abbia fatto l'accesso, oppure a seconda del tipo di utente, si può inserire una struttura condizionale nella pagina header.php

Menu per utente anonimo

Menu per utente "loggato"

Il codice di header.php è il seguente:

header.php

```
<h1> Negozio Biciclette </h1>
</header>
<nav>
<p id="utente">
<?= anchor('go/entra', 'Entra')?>/
<?= anchor('go/registrati', 'Registrati') ?>
 Benvenuto
<span>
<?= $this->session->utente->nome ?>
```

```
( <?= $this->session->utente->ruolo ?> )
</span>

<?php
  if($this->session->utente->nome != 'anonimo'):
    echo anchor('go/esci', 'Esci');
    echo anchor('go/elencoMieiOrdini','Miei Ordini');
  endif
?>
</p>
<p>
<?= anchor('go/index', 'Pagina Iniziale') ?>
<?= anchor('go/faq', 'Domande Frequenti') ?>
<?= anchor('go/catalogo', 'Catalogo') ?>
<?= anchor('admin/riservato', 'Riservato') ?>
<?= anchor('go/carrello', img('images/carrello-della-spesa.png'))?>
<span id="nbici"><?=count($this->session->carrello)?></span>
</p>
</nav>
```

Questa struttura condizionale appesantisce la scrittura, e anche la lettura, del codice della pagina. Tanto più se si deve distinguere tra diverse categorie di utenti, ciascuna con un proprio menu personalizzato!

Tuttavia essa può essere accettata nella pagina header.php in quanto essa non si configura come logica applicativa, che invece deve essere collocata nel Controller, bensì come un elemento di dialogo con l'utente, che rientra tra le prerogative della Vista.

In alternativa, si potrebbe lasciare al Controller anche il compito di impostare il menu in modo diversificato e questo menu verrebbe inviato come parametro alla pagina header.php:

Go.php

```
<?php
class Go extends CI_Controller {
    public $data;   // campo per il menu personalizzato

    public function __construct()
    {
        parent::__construct();
        //$this->load->model('negozio_model');

        // se non c'è l'utente lo creo anonimo
```

```
            if (!isset($this->session->utente))
        {

                $utente_anonimo = new stdClass();
                $utente_anonimo->nome = 'anonimo';
                $utente_anonimo->ruolo = 'utente';

                $this->session->utente = $utente_anonimo;
        }
        // se non c'è il carrello lo creo vuoto
        if (!isset($this->session->carrello))
        {

                $carrello = array();
                $this->session->carrello = $carrello;
        }

        // imposto il menu
        $menu = array();
        $this->load->helper('MenuItem'); // carico l'helper
        if ($this->session->utente->nome != 'anonimo')
        {
         $menu[] = new MenuItem('Esci', 'go/esci');
         $menu[] = new MenuItem('Miei Ordini','go/elencoMieiOrdini');
        }
        $this->data['menu'] = $menu;
    }
```

Per maggiore comodità si è fatto uso di una classe di aiuto (helper) creata per l'occasione, la classe MenuItem, che è stata messa nella apposita cartella helpers nel file di nome menuitem_helper.php:

menuitem_helper.php

```
<?php
class MenuItem
{
   // classe che rappresenta un elemento del menu
   public $testo;
   public $azione;

public function __construct($unTesto, $unaAzione)
   {
       $this->testo = $unTesto;
       $this->azione = $unaAzione;
   }
}
?>
```

a questo punto, le diverse funzioni del Controller dovranno caricare la Vista "header" passandole come parametro i dati del menu personalizzato, contenuti nel campo $this->data

```
$this->load->view('header2', $this->data);
```

per evitare confusione con il lavoro fatto finora, header.php è stato rinominato come header2.php.

Così, ad esempio, la funzione index() del Controller Go.php diventerà:

```
public function index()
    {
        $this->load->view('header2', $this->data);
        $this->load->view('home');
        $this->load->view('footer');
    }
```

Con questa semplificazione, in header2.php ci sarà un ciclo che effettuerà la visualizzazione del contenuto del menu ricevuto dal Controller, e tale menu sarà quello specifico per l'utente della sessione:

header2.php

```
<header>
<h1> Negozio Biciclette </h1>
</header>
<nav>
<p id="utente">
<?= anchor('go/entra', 'Entra')?>/
<?= anchor('go/registrati', 'Registrati') ?>
  Benvenuto
<span>
<?= $this->session->utente->nome  ?>
( <?= $this->session->utente->ruolo  ?> )
</span>

<?php foreach($menu as $m):
  echo anchor($m->azione, $m->testo);
  endforeach
```

```
?>
</p>
<p>
<!--a href="/bici/index.php/go/index">Pagina Iniziale</a-->
<?= anchor('go/index', 'Pagina Iniziale') ?>
<?= anchor('go/faq', 'Domande Frequenti') ?>
<?= anchor('go/catalogo', 'Catalogo') ?>
<?= anchor('admin/riservato', 'Riservato') ?>
<!--<?= anchor('go/carrello', 'Carrello') ?>-->
<?= anchor('go/carrello', img('images/carrello-della-spesa.png'))?>
<span id="nbici"><?=count($this->session->carrello)?></span>

</p>
</nav>
```

Si ribadisce ancora una volta, che il semplice accorgimento di proporre un menu differenziato, non garantisce assolutamente che l'utente possa accedere solo a quelle funzioni.

Infatti, qualsiasi utente potrebbe ripescare dalla cronologia del browser le chiamate a funzioni che non sono visibili in quel momento nel suo menu personalizzato, oppure egli potrebbe digitare nella barra di navigazione del browser l'indirizzo per chiamare una qualsivoglia funzione.

In pratica, è sempre necessario un controllo da parte del Controller per consentire o meno all'utente di effettuare le operazioni da lui richieste!

30. Realizzare un sistema di regole di controllo degli accessi

Si vuole ora proporre un meccanismo per regolamentare il diritto o meno ad accedere alle diverse funzioni dell'applicazione basato sul ruolo degli utenti.

Si ricorda che la tabella utenti prevede il campo RUOLO e che tipicamente sussiste una gerarchia di ruoli, nel senso che l'UTENTE semplice è limitato a poter accedere ad alcune funzionalità dell'applicazione, mentre gli amministratori (ruolo ADMIN) possono accedere a tutte le funzionalità dell'utente semplice ed inoltre ad altre funzionalità specifiche del loro ruolo.

tabella utenti

nome (*)	password (*)	ruolo	email	confermato
pippo	pippo	utente	pippo@gmail.com	si
pluto	pluto	utente	pluto@tiscali.it	si
admin	admin	admin	admin@azlenda.lt	si

Nel paragrafo 15 si era visto un modo per realizzare una funzione riservata all'amministratore. Si trattava in sostanza di anteporre all'esecuzione delle operazioni riservate un controllo sul ruolo dell'utente corrente: se si tratta di amministratore allora si può procedere altrimenti si invia all'utente un messaggio di errore.

```php
public function riservato()
{
  if ($this->session->utente->ruolo == 'admin')
  {
    // ok sei amministratore

    ...

  }
  else
  {
```

```
    // non sei amministratore
    // allora mostro un messaggio di errore
    …
}
```

Questa tecnica, pur essendo efficace, appesantisce la scrittura del codice dell'applicazione, ed inoltre risulta scomoda da gestire quando si vogliono applicare variazioni delle politiche degli accessi, a causa del fatto che i controlli sono distribuiti nelle diverse funzioni dell'applicazione.

Ora si vuole proporre un meccanismo alternativo per ottenere questo controllo degli accessi: si tratta di realizzare un sistema di **Role Based ACL** (Access Control List).

Lo spunto per tutto questo viene dall'interessante lavoro di Christian Gaertner - https://github.com/ChristianGaertner/CodeIgniter-ACL-Hook

Il sottoscritto ha adattato il codice al contesto particolare dell'applicazione sviluppata in questo lavoro.

Innanzitutto, si va a sfruttare un interessante strumento fornito con il framework CodeIgniter: gli HOOKS, ovvero la possibilità di definire funzioni che vengono attivate prima dell'esecuzione della richiesta dell'utente. Per una panoramica generale vedi la documentazione ufficiale

https://www.codeigniter.com/user_guide/general/hooks.html

Le istruzioni per l'utilizzo del lavoro di Gaertner sono le seguenti:

Fa il download del file hook di nome acl.php
Mettilo nella cartella application/hooks
Apri il file config.php e imposta $config['enable_hooks'] = TRUE;
Aggancia (Hook) la classe ACL al sistema editando il file application/config/hooks.php
$hook['post_controller_constructor'] = array(

```
                            'class' => 'ACL',
                            'function' => 'auth',
                            'filename' => 'acl.php',
                            'filepath' => 'hooks'
      );
```

Ora puoi aggiungere le tue regole: nel costruttore della classe ACL:

```
$this->role_field = 'role_id';
```

Questo è il nome del campo della session che si riferisce al ruolo dell'utente corrente

Ora puoi aggiungere regole del tipo:

```
$this->perms[<ROLE_ID>][<CONTROLLER>][<METHOD>] = true;
```

Il primo array imposta la regola per un determinato ruolo. I successivi due valori definiscono il Controller e il Metodo. Esempio:

```
$this->perms[2]['admin']['index'] = true;
```

Questa regola permette a tutti quelli che hanno il ruolo 2 di accedere alla funzione BASE_URL/admin(/index)

Assicurarsi di avere nelle variabili di session un campo con il ruolo dell'utente (role id).

Il ruolo 0 è riservato agli ospiti (guests)!

L'Ereditarietà dei ruoli NON è attualmente supportata!

Si noti che la funzione auth() della classe ACL viene chiamata **"post_controller_constructor"**, ovvero subito dopo che è stato eseguito il costruttore del Controller, e quindi si hanno a disposizione le variabili di sessione per decidere se permettere o meno l'esecuzione della funzione (o metodo) richiesta dall'utente.

Inoltre, il costruttore della classe ACL mantiene in modo centralizzato la **lista delle regole di accesso** (access control list), facilitando la gestione delle politiche di accesso degli utenti!

Nel file acl.php proposto è stata messa solo una regola per attribuire la funzione riservato() a chi ha il ruolo di amministratore:

acl.php

```php
<?php
/**
 * This class will be called by the post_controller_constructor hook
.* and act as ACL
 *
 * @author ChristianGaertner (adattamento di Bandiera Roberto)
 */
class ACL {

    /**
     * Array to hold the rules
     * Keys are the role_id and values arrays
     * In this second level arrays the key is the controller and
     * value an array with key method and value boolean
     * @var Array
     */
    private $perms;

    /**
     * The field name, which holds the role_id
     * @var string
     */
    private $role_field;

    /**
     * Contstruct in order to set rules
     * @author ChristianGaertner  (adattato da Bandiera Roberto)
     */
    public function __construct() {
        $CI =& get_instance();
        $this->role_field = $CI->session->utente->ruolo;

        // se l'acceso è consentito a tutti non occorre mettere
        // nessuna regola
        //$this->perms['utente']['go']['index'] = true;  // è inutile
        //$this->perms['admin']['go']['index'] = true;   // è inutile

        // se si mette una regola di permesso per qualcuno
        // allora per tutti gli altri il permesso è automaticamente
        // "false"  -  quindi non possono entrare

        // $this->perms['ruolo']['controller']['metodo'] = true;
        $this->perms['admin']['admin']['riservato'] = true;
    }

    /**
     * The main method, determines if the a user is allowed to view
     * a site
     * @author ChristianGaertner  (adattato da Bandiera Roberto)
     * @return boolean
```

```
    */
public function auth()
{
    $CI =& get_instance();

    if (!isset($CI->session))
    { # Sessions are not loaded
        $CI->load->library('session');
    }

    if (!isset($CI->router))
    { # Router is not loaded
        $CI->load->library('router');
    }

    $class = $CI->router->fetch_class();
    $method = $CI->router->fetch_method();
    // Is rule defined?
    $is_ruled = false;
    foreach ($this->perms as $role)
    { # Loop through all rules
        if (isset($role[$class][$method]))
        { # For this role exists a rule for this route
            $is_ruled = true;
        }
    }
    if (!$is_ruled)
    { # No rule defined for this route
        // ignoring the ACL
        return;
    }

    if ($this->role_field)
    { # Role_ID successfully determined
      if (isset($this->perms[$this->role_field][$class][$method]) &&
          $this->perms[$this->role_field][$class][$method])
        { # The user is allowed to enter the site
          return true;
        }
        else
        { # The user does not have permissions
          $message = 'Non hai il permesso di entrare qui!';
          show_error($message, $status_code = '403',
                    $heading = 'Errore di Accesso');
        }
    }
}


    /*
    * Con le impostazioni attuali dell'applicazione, un utente
```

```
                 * che non ha fatto il login è comunque 'anonimo'
                 * pertanto il ramo "else" non trova applicazione!!!
                 else
                 { # not logged in
                     if ($this->perms[0][$class][$method])
                     { # The user is allowed to enter the site
                         return true;
                     }
                     else
                     { # The user does not have permissions
                         $message = 'Non hai il permesso di entrare qui!';
                         show_error($message, $status_code = '403',
                                 $heading = 'Errore di Accesso');
                     }
                 }
             */
         }
}
```

Questo file acl.php prevede l'accesso libero da parte di tutti gli utenti a tutte le funzioni dell'applicazione, con la sola eccezione della funzione riservato(), che per l'occasione è stata spostata in un nuovo Controller di nome Admin.php:

$this->perms['admin']['admin']['riservato'] = true;

questo equivale a scrivere

$this->perms['admin']['admin']['riservato'] = true;

$this->perms['utente']['admin']['riservato'] = false;

Nel caso in cui non si abbia il permesso di accedere alla funzione richiesta, viene mostrata una pagina di errore 403 accesso negato (forbidden) ottenuta grazie all'istruzione:

show_error($message, $status_code = '403', $heading = 'Errore di Accesso');

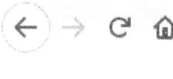 → C ⌂   ⓘ http://www.azienda.it /index.php/admin/riservato

Errore di Accesso

Non hai il permesso di entrare qui!

Errore di accesso negato

La funzione show_error() è fornita dal framework CodeIgniter e utilizza la pagina application/views/errors/html/error_general.php per mostrare il suddetto messaggio di errore.

Tale pagina può eventualmente essere modificata dal programmatore.

> Per ottenere la pagina di errore basta cliccare su una voce di menu riservata all'amministratore, senza averne il diritto, oppure digitare direttamente sulla barra dell'indirizzo del browser
>
> http://www.azienda.it/index.php/admin/riservato

Per questioni di ordine logico, conviene creare un nuovo Controller per contenere tutte le funzioni di pertinenza dell'amministratore. In questo caso, oltre al costruttore, c'è soltanto, a titolo esemplificativo, la funzione riservato() per accedere ad una pagina riservata all'amministratore:

Admin.php

```php
<?php
defined('BASEPATH') OR exit('No direct script access allowed');

class Admin extends CI_Controller {

// funzioni esclusive per l'amministratore

public function __construct()
```

```
{
        parent::__construct();

        // se non c'è l'utente lo creo anonimo
        if (!isset($this->session->utente))
        {
                $utente_anonimo = new stdClass();
                $utente_anonimo->nome = 'anonimo';
                $utente_anonimo->ruolo = 'utente';

                $this->session->utente = $utente_anonimo;
        }

        // scrivo nel file di LOG
        log_message('custom', $_SERVER["REMOTE_ADDR"].' '.
        $this->session->utente->nome.' '.$_SERVER['REQUEST_URI']);
}

public function index()
{
        $this->load->view('header');
        $this->load->view('home');
        $this->load->view('footer');
}

public function riservato()
{
        $this->load->view('header');
        $this->load->view('riservato');
        $this->load->view('footer');
}
}
?>
```

Considerazioni pratiche

- Poiché a monte del Controller c'è l'Hook acl.php che gestisce l'accesso alle funzioni, **non occorre mettere nessun controllo nelle funzioni** riservate all'amministratore.

  In sostanza il programmatore che scrive il codice del Controller si deve concentrare solo sulle operazioni da svolgere e non sulle politiche di controllo degli accessi!

- L'Hook acl.php produce un **messaggio di errore generico** che in taluni casi non aiuta l'utente ad utilizzare correttamente l'applicazione. Ad esempio, nel caso di un utente che ha riempito il carrello e intende concludere un ordine ma non ha ancora fatto il login, è meglio dare un messaggio di errore adeguato! Pertanto è meglio NON ricorrere alle ACL ma piuttosto prevedere uno scenario alternativo nel codice della funzione per concludere l'ordine.

Se invece si tratta di tutelare la specificità di un ruolo (admin) conviene impostare le ACL.

Si vuole citare un interessante lavoro di Jérôme Jaglale , dal titolo "Relative URLs and HTTPS with CodeIgniter" che illustra come usare un Hook per gestire il passaggio da http a https e viceversa: **hook to switch from and to HTTPS**

http://jeromejaglale.com/doc/php/codeigniter_relative_urls_https

---

Appendice 1. Le funzioni "helper" dietro le quinte

Nelle pagine della vista sono state usate delle funzioni utili per semplificare la scrittura degli url (indirizzi) utilizzati in alcuni elementi di HTML.

Di seguito vengono riportate le funzioni utilizzate e i corrispondenti tag HTML:

anchor('go/index', 'Pagina Iniziale')

<a href="http://www.azienda.it/index.php/go/index">Pagina Iniziale</a>

site_url('go/mettiNelCarrello3')   ← URL riferito a index.php

http://www.azienda.it/index.php/go/mettiNelCarrello3

base_url('stile.css')   ← URL riferito alla cartella radice

http://www.azienda.it/stile.css   ← equivale a   /stile.css

form_open('go/controllaLogin')

<form action="http://www.azienda.it/index.php/go/controllaLogin" method="post" accept-charset="utf-8">

form_close()

</form>

img('images/articolo1.jpg')

<img src="http://www.azienda.it/images/articolo1.jpg" alt="" />

Appendice 2. I parametri di configurazione dell'applicazione

In generale i framework riducono la quantità di codice applicativo da scrivere e a tal fine richiedono l'impostazioni di alcuni parametri in appositi file di configurazione.

La cartella "config" contiene i diversi file di configurazione su cui è necessario intervenire per far funzionare l'applicazione.

Il file **config.php** contiene, in particolare, la specificazione dell'indirizzo del server (base_url) che in questo lavoro si suppone essere http://www.azienda.it/

```
$config['base_url'] = 'http://www.azienda.it/';
$config['index_page'] = 'index.php';    // si tratta del file
                         fornito di default dal framework
$config['charset'] = 'UTF-8';
$config['language'] = 'italian';
$config['sess_expiration'] = 7200;    //timeout della sessione di
                         lavoro, espresso in secondi
```

Il file **routes.php** contiene:

```
$route['default_controller'] = 'go';    // il controller di default
```

In questo modo l'url   http://www.azienda.it   impostata sul browser

sarà equivalente a   http://www.azienda.it/index.php/go/index

Il file **autoload.php** consente di caricare automaticamente alcune librerie e alcune classi helper fornite dal framework, inoltre consente di

105

specificare il caricamento automatico delle classi del modello scritte dal programmatore e anche di stabilire in automatico la connessione al database:

```
$autoload['libraries'] = array('database', 'email', 'session',
'form_validation');
$autoload['helper'] = array('url', 'html', 'download', 'form');
$autoload['model'] = array('negozio_model');
```

Il file **database.php** specifica i parametri per l'accesso al database:

```
$db['default'] = array(
    'hostname' => 'localhost',
    'username' => 'root',
    'password' => 'root',
    'database' => 'negozio',
    'dbdriver' => 'mysqli',
    'db_debug' => FALSE,    // disabilita gli errori runtime del
                                 database
    'char_set' => 'utf8',
    'dbcollat' => 'utf8_general_ci',      // confronti "case
                                  insensitive" nelle query
);
```

In particolare si noti che in fase di sviluppo conviene mantenere abilitati gli errori runtime del dbms, per consentire il debug dell'applicazione:

> 'db_debug' => **TRUE**

Questi errori interrompono l'esecuzione dell'applicazione e pertanto conviene disabilitarli quando l'applicazione è operativa.

Appendice 3. La configurazione del servizio di posta elettronica

Si deve creare il file email.php nella cartella config, con i parametri di configurazione del servizio:

email.php

```php
<?php
$config['useragent'] = 'CodeIgniter';
$config['protocol']  = 'smtp';
$config['smtp_host'] = 'localhost';
$config['smtp_port'] = '25';
$config['smtp_timeout'] = 5;
$config['smtp_user']   = 'admin';
$config['smtp_pass']   = 'admin';
//$config['starttls']    = TRUE;
$config['charset']     = 'utf-8';
$config['newline']     = "\r\n";
$config['mailtype'] = 'html';  // oppure 'text'
$config['wordwrap'] = TRUE;
$config['wrapchars'] = 76;
?>
```

Nel caso in questione si è utilizzato un server di posta installato in locale (si tratta di hMailServer), ma si potrebbe utilizzare un server esterno come ad esempio quello di GMail.

Per la configurazione di GMail vedere il post di Neeraj Agarwal al seguente indirizzo: https://www.formget.com/codeigniter-gmail-smtp/

Il server hMailServer viene configurato creando il dominio azienda.it e l'account dell'amministratore admin@azienda.it.

Il servizio SMTP deve prevedere un server esterno a cui inoltrare le mail da recapitare (SMTP Relayer).

Nel caso specifico si è fatto uso di un account mail di Tiscali con *Remote host name*: smtp.tiscali.it e *Remote TCP/IP port*: 465 e *Connection security*: SSL/TLS

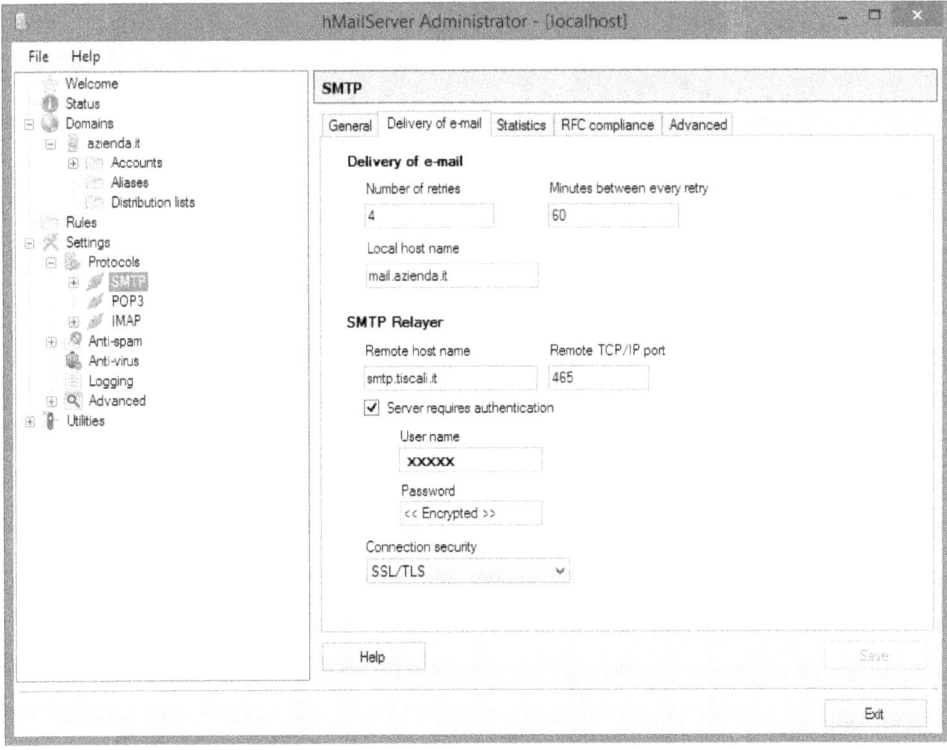

La configurazione del servizio SMTP di hMailServer

Appendice 4. Messaggi di errore in lingua italiana

Per favorire l'accessibilità dell'applicazione, conviene uniformare tutti i dialoghi con l'utente in lingua italiana.

Nel file config.php si deve impostare l'opzione

```
$config['language'] = 'italian';
```

Poi si devono mettere nella cartella system/language/italian (se non c'è la si deve creare) i file con la traduzione in italiano dei messaggi che si trovano in system/language/english.

In particolare viene collocato il seguente file email_lang.php per i messaggi di errore relativi all'invio di posta elettronica.

email_lang.php

```
$lang['email_must_be_array'] = "La validazione dell\'e-mail richiede un array di parametri.";
$lang['email_invalid_address'] = "Indirizzo e-mail non valido: %s";
$lang['email_attachment_missing'] = "Allegato non trovato: %s";
$lang['email_attachment_unreadable'] = "Allegato illeggibile: %s";
$lang['email_no_from'] = "Mail senza mittente: From";
$lang['email_no_recipients'] = "Manca il destinatario della mail: To, Cc, or Bcc";
$lang['email_send_failure_phpmail'] = "Impossibile inviare la mail con PHP mail. Il server potrebbe non essere stato configurato per inviare mail.";
$lang['email_send_failure_sendmail'] = "Impossibile inviare la mail con Sendmail. Il server potrebbe non essere stato configurato per inviare mail.";
$lang['email_send_failure_smtp'] = "Impossibile inviare la mail con SMTP. Il server potrebbe non essere stato configurato per inviare mail.";
$lang['email_sent'] = "Messaggio inviato con il protocollo: %s";
$lang['email_no_socket'] = "Impossibile aprire una connessione per Sendmail. Controlla le impostazioni.";
$lang['email_no_hostname'] = "Server SMTP non specificato.";
$lang['email_smtp_error'] = "Errore SMTP: %s";
$lang['email_no_smtp_unpw'] = "Errore: SMTP richiede nome utente e password.";
$lang['email_failed_smtp_login'] = "Fallimento del comando AUTH LOGIN.
```

```
Errore: %s";
$lang['email_smtp_auth_un'] = "Autenticazione del nome utente fallita.
Errore: %s";
$lang['email_smtp_auth_pw'] = "Autenticazione della password fallita. Errore:
%s";
$lang['email_smtp_data_failure'] = "Impossibile inviare i dati: %s";
$lang['email_exit_status'] = "Codice di terminazione: %s";
```

e il file form_validation_lang.php per gli errori di validazione dei form.

form_validation_lang.php

```
$lang['required'] = "Il campo \"%s\" &egrave; obbligatorio.";
$lang['isset'] = "Il campo \"%s\" deve essere valorizzato.";
$lang['valid_email'] = "Il campo \"%s\" deve contenere un indirizzo email
valido.";
$lang['valid_emails'] = "Il campo \"%s\" deve contenere tutti indirizzi email
validi.";
$lang['valid_url'] = "Il campo \"%s\" deve contenere un URL valido.";
$lang['valid_ip'] = "Il campo \"%s\" deve contenere un IP valido.";
$lang['min_length'] = "Il campo \"%s\" deve contenere almeno %s
caratteri.";
$lang['max_length'] = "Il campo \"%s\" non pu&ograve; eccedere la
lunghezza di %s caratteri.";
$lang['exact_length'] = "Il campo \"%s\" deve essere lungo esattamente %s
caratteri.";
$lang['alpha'] = "Il campo \"%s\" pu&ograve; contenere solo caratteri
alfabetici.";
$lang['alpha_numeric'] = "Il campo \"%s\" pu&ograve; contenere solo
caratteri alfa-numerici.";
$lang['alpha_dash'] = "Il campo \"%s\" pu&ograve; contenere solo caratteri
alfa-numerici, underscore (\"_\") e punti.";
$lang['numeric'] = "Il campo \"%s\" pu&ograve; contenere solo un valore
numerico.";
$lang['is_numeric'] = "Il campo \"%s\" deve contenere un valore numerico.";
$lang['integer'] = "Il campo \"%s\" pu&ograve; contenere solo un numero
intero.";
$lang['regex_match'] = "Il campo %s field non &egrave; nel formato
corretto.";
$lang['matches'] = "Il campo \"%s\" &egrave; diverso dal campo \"%s\".";
$lang['is_unique'] = "Il campo %s field deve contenere un valore univoco.";
$lang['is_natural'] = "Il campo \"%s\" deve contenere un numero.";
$lang['is_natural_no_zero'] = "Il campo \"%s\" deve contenere un numero
maggiore di zero.";
$lang['captcha'] = 'Codice di Controllo CAPTCHA Errato.';
```

```
$lang['decimal'] = "Il campo \"%s\" deve contenere un numero decimale.";
$lang['less_than'] = "Il campo \"%s\" deve contenere un numero minore di
%s.";
$lang['greater_than'] = "Il campo \"%s\" deve contenere un numero
maggiore di %s.";
```

Quest'ultimo file e gli altri, per completezza, vengono forniti da markxeasy (https://github.com – markxeasy/codeigniter-italian: The Italian language files for CodeIgniter)

Per quanto riguarda i messaggi di errore del database, essi dipendono dalle impostazioni del DBMS.

MySQL consente di cambiare al volo la lingua dei messaggi di errore, senza dover riavviare il servizio, pertanto basta mettere la seguente istruzione nel costruttore del Modello:

$this->db->query("SET lc_messages = 'it_IT'");

Negozio_model.php

```
class Negozio_model extends CI_model
{
    public function __construct()
    {
        parent::__construct();
        // imposta i messaggi in italiano
        $this->db->query("SET lc_messages = 'it_IT'");
    }
...
}
```